Meera Lester

Ein Stückchen GLÜCK für jeden Tag

Über 300 Ideen

Aus dem Englischen
von Anja Keller

Anaconda

Inhalt

Vorwort

Sehnst du dich nach einem glücklicheren Leben? Dann bist du hier genau richtig.

Glück. Einfach jeder scheint danach zu streben, manche suchen es ein Leben lang und trotzdem ist es oft schwer zu finden. (Hast du schon mal darüber nachgedacht, wie unglücklich die meisten Leute sind?) In der heutigen Zeit ist glücklich zu sein für viele ein kaum zu erreichendes Ziel. Aber du bist eine Ausnahme! Denn du hältst gerade ein Buch mit über dreihundert Tipps in der Hand, die dir ein Lächeln ins Gesicht zaubern und deinem Glück auf die Sprünge helfen werden.

Ratschläge, wie man seine Lebensqualität verbessert und glücklich wird, gibt es viele, aber nur *Glück für jeden Tag* fasst sie alle in einem übersichtlichen Buch zusammen.

Im Inhalt findest du eine breite Auswahl an glücklich machenden Ideen, unter anderem:

- Mach ein fröhliches Gesicht
- Sag nein
- Flirte mit jemandem
- Schrei in ein Kissen
- Iss Schokolade
- Gönn dir etwas Schönes
- Rette ein Tier
- Hör auf zu schmollen

Die Vorschläge reichen von ganz einfachen bis hin zu komplexeren, aber sie alle helfen dir erwiesenermaßen, das Leben wertzuschätzen, und machen dich glücklicher.

Schlag eine beliebige Seite auf und du wirst dort eine Idee finden, die deine Laune und dein Leben verbessert! Überall dort, wo von Männern oder Partnern die Rede ist, sind selbstverständlich genauso Frauen und Partnerinnen gemeint, und umgekehrt.

1

Entscheide dich für das Glück

Das mag jetzt vielleicht allzu simpel klingen, aber wenn du glücklich werden möchtest, dann beschließe einfach, es zu *sein*. Zum Beispiel, indem du glückliche Gedanken denkst. (Du hast richtig gelesen! Mach es genauso, wie Peter Pan zu Wendy gesagt hat!) Ziehst du positive Gedanken den negativen vor, verändert sich auch deine Lebenseinstellung zum Besseren. Denn positive Menschen verfügen im Allgemeinen über ein höheres Maß an Optimismus und Zufriedenheit. Außerdem leben sie länger. Und hier kommt die gute Nachricht: Auch wenn du eigentlich kein positiver Mensch bist, das Denken glücklicher Gedanken ist eine Fähigkeit, die man erlernen kann. Also versuche, zum Optimisten zu werden, denke positiv und betrachte das sprichwörtliche halbleere Glas eher als halbvoll. Wenn dir etwa das nächste Mal beim Autofahren jemand die Vorfahrt nimmt, reg dich nicht auf, denn das verengt nur die Blutgefäße und treibt den Blutdruck in die Höhe. Bleib stattdessen positiv und lass deinen Ärger los. Egal, was du gerade tust, bleib dabei immer gut gelaunt. Je häufiger du dich für das Glücklichsein entscheidest, desto glücklicher wirst du auch letztendlich sein.

2

Betrachte ein tolles Bild von dir

Stell ein Foto von dir aus einer glücklichen Zeit in deinem Leben auf. So hast du immer eine Aufnahme von dir im Blick, auf der du super aussiehst. Suche ein Foto heraus, das aufgenommen wurde, als du dich so richtig lebendig gefühlt hast, dann rahme es ein und platziere es dort, wo du es gut sehen kannst, zum Beispiel auf dem Schreibtisch. Das stoppt nicht nur negative Grübeleien, sondern steigert auch das Selbstwertgefühl und sorgt dafür, dass es dir gut geht. Was, wenn keines deiner Fotos besonders schön ist? Kein Problem, bearbeite die Bilddatei einfach am Computer. Lass hier ein paar Falten und dort ein Speckröllchen verschwinden, füg einige Haare hinzu und dreh so die Zeit zurück. Hab Spaß daran, eine neue, total attraktive Version von dir zu erschaffen! Dann sieh dir das Foto an, wann immer du eine kleine Portion gute Laune brauchst und lass es seine positive Energie versprühen.

3

Rette ein Tier

Traurigerweise führen nicht alle Hunde und Katzen, die auf diese Welt kommen, automatisch ein glückliches oder langes Leben. Wenn jemand ein Haustier hält, heißt das nicht unbedingt, dass er sich auch angemessen darum kümmert. Tierheime beherbergen oft mehr Fellnasen als sie richtig versorgen können, und deshalb endet auch so manches Tierleben dort. Du kannst etwas verändern, indem du ein Heimtier bei dir aufnimmst. Die pelzigen oder gefiederten Begleiter bringen nicht nur Spaß und Glück in dein Leben, sie helfen auch erwiesenermaßen dabei, Stress abzubauen. Rette also einen Freund und verbessere so euer beider Leben!

4

Verführe jemanden

Fühlst du dich gerade verspielt und sexy? Dann schieb einen kleinen Zettel unter das Glas von deinem Schatz und schlag ihm vor, zusammen etwas Spaß zu haben. Flirte mit ihm, necke ihn, spann ihn ruhig ein bisschen auf die Folter. Lass den Träger deines kurzen schwarzen Kleids herunterrutschen, lehn dich vor und fessle so seine Aufmerksamkeit. Sei verführerisch. Zeig deinem Schatz, dass er für dich der einzige Mann auf der Welt ist. Haltet Händchen, lasst eure gemeinsame Erregung langsam steigen und bestimmt selbst das Tempo für alles weitere. Du wirst staunen, wie glücklich sexy sein macht und was für ein gutes Gefühl es deinem Partner gibt.

5

Plane Entspannung in deinen Arbeitstag ein

Wie fühlst du dich am Ende eines Arbeitstags? Bist du ausgelaugt, total gestresst oder schlecht gelaunt? Wenn das der Fall ist, dann brauchst du unbedingt eine Portion Arbeitsglück! Hierfür planst du am besten etwas Entspannungszeit in deinen Arbeitstag ein. Zum Krafttanken zwischendurch braucht es aber keine zweistündige Mittagspause. Stattdessen nimm dir einfach jeden Tag ein paar Minuten Zeit, um den Stress abzuschütteln und dich zu entspannen. Döse etwas, leg dich zu einem halbstündigen Power-Nap hin, geh kurz nach draußen, um frische Luft zu schnappen, mach einen kurzen Spaziergang oder Atemübungen an deinem Schreibtisch. Alle aufgezählten Methoden eignen sich zum Stressabbau und fördern die Konzentration. Selbst wenn deine einzige Möglichkeit zur Entspannung ist, dich für fünf Minuten irgendwo mit geschlossenen Augen hinzusetzen, wirst du merken, dass du dich anschließend viel entspannter und glücklicher fühlst.

6

Iss Kohlehydrate

Dieser Glückstipp kommt für Liebhaber von Kohlehydraten wohl wie gerufen, aber es stimmt wirklich: Kohlehydrate regen im Gehirn die Produktion von Hormonen an, welche die Laune heben. Sie fördern die Ausschüttung von Serotonin, dem Wohlfühlbotenstoff des Gehirns. Sogenannte Low-Carb-Diäten dagegen machen oft gereizt, nervös und unzufrieden. Eine einjährige Studie über Menschen, welche sich kohlenhydratarm ernähren, ergab, dass diese häufiger mit Stimmungstiefs und Ängsten zu kämpfen haben als andere, die mehr Kohlehydrate zu sich nehmen. Zudem enthalten die meisten Vollkorngetreide Ballaststoffe, die gut für Herz und Verdauungssystem sind. Wenn dich also wieder das Nachmittagstief überfällt, probier es doch mal mit ein paar gesunden Vollkorn- bzw. Vollwert-Kohlehydraten.

7

Feiere wie am Cinco de Mayo

Nichts steht so sehr für Glück wie ein Burrito! Serviere Bier, Bohnen und Burritos für eine Cinco-de-Mayo-Party und genieße die ausgelassene Stimmung des mexikanischen Nationalfeiertags, an dem 1862 die mexikanische Miliz in der Schlacht von Puebla das französische Militär besiegte. Lege eine bunt gewebte, mexikanische Decke auf den Tisch und dekoriere ihn mit ein paar grünen Kakteen, roten Chilis und Minisombreros. In die Mitte platzierst du einige Kerzen in Terrakottatöpfen. Stelle noch ein paar andere traditionelle mexikanische Snacks bereit, die zu den Bohnen und Burritos passen, und serviere dazu Margaritas und eisgekühltes Corona. Jetzt brauchst du nur noch Nachbarn und Freunde zum Essen, Trinken und Feiern einzuladen und schon kann es losgehen!

8

Hilf kranken Kindern

Wenn du wirklich etwas im Leben anderer Menschen bewirken und eine Riesenportion Glücksgefühle zurückbekommen möchtest, dann solltest du als ehrenamtlicher Helfer in einer Kinderklinik oder auf einer Säuglings- oder Kinderstation im Krankenhaus arbeiten. So leistest du einen positiven Beitrag zum Leben kranker Kinder und ihrer Familien, was auch für dich sinnstiftend sein wird. Die Gewissheit, anderen zu helfen, wird dir gut tun, denn ein Kind lächeln zu sehen und zu wissen, dass wir der Grund dafür sind, macht uns so glücklich wie sonst kaum etwas. Hart arbeitende Ehrenamtler werden immer gebraucht und von Klinikpersonal, Patienten und ihren Familien sehr geschätzt. Dadurch, dass du anderen in Zeiten der Not Freundschaft und Mitgefühl schenkst, bekommst du Glück im Überfluss zurück.

9

Sei keine Klatschtante

Du möchtest glücklich und unbekümmert sein? Dann zieh nicht über andere Leute her. Andere herabzusetzen oder bei fiesen Lästereien mitzumachen kostet dich nur dein eigenes Glück. Also lass es sein. Halte dich aus der Schlammschlacht heraus! Wenn ein Freund oder Kollege versucht, dich zum Mitlästern zu bringen, tritt einen Schritt zurück, zähl bis zehn und entziehe dich der Situation. Zählen ist eine sehr wirksame Methode, um ein Verhaltensmuster zu kontrollieren, das man vermeiden will. So kannst du in dem Wissen, dass du nicht an den Lästereien teilgenommen hast, mit dir zufrieden sein und möglicherweise wird dein Freund seinen Fehler ebenfalls einsehen. Während es nämlich glücklich macht, nette Dinge zu sagen, bewirkt lästern das genaue Gegenteil.

10

Mach ein fröhliches Gesicht

Manchmal gilt in puncto Glücklichsein die Devise »Tu so als ob, bis es wirklich so ist«. Also zwing dich zu einem Lächeln, halte es zehn Sekunden lang und denke: »Ich bin glücklich. Ich bin wirklich, wirklich glücklich.« Du wirst merken, wie sich deine Laune bessert. Du kannst nicht anders, als dich etwas leichter zu fühlen. Nutze dein Lächeln und starte eine Glücksoffensive! Lächle überall jeden an. Menschen sind darauf trainiert, auf Gesichtsausdrücke zu reagieren, die ihnen begegnen. Wenn du jemanden finster ansiehst, runzelt die andere Person die Stirn. Lächelst du sie jedoch an, dann lächelt sie zurück. Du selbst wirst auch glücklicher sein, denn dein Körper reagiert auf das Lächeln. Sogar, wenn es nur ein künstliches ist. Also nur zu – tu so als seist du glücklich, bis du es wirklich bist!

11

Mach eine Top-Ten-Liste

Millionen von Menschen leben ihr Leben ohne jegliche Orientierung. Wenn wir uns nicht im Klaren sind, was wir vom Leben wollen, können wir auch nicht wissen, wo die Reise hingehen soll. Und noch weniger, wie wir das Gewünschte erreichen, geschweige denn, was unsere Lebensziele sind. Überlege dir zehn Dinge, die wirklich wichtig für dich sind. Dann konkretisiere jeden Punkt so weit wie möglich. Zum Beispiel: Was an deinen Freunden macht dich besonders glücklich? Ist es zusammen zu essen, Menschen in deinem Leben zu haben, die dich wirklich verstehen, oder schwierige Situationen gemeinsam zu meistern? Arbeite die zehn Stichpunkte auf der Liste so genau aus, dass du letztendlich weißt, was für dich von vorrangiger Bedeutung ist. Das sind die Dinge, die dich am glücklichsten machen! Sie genau zu kennen, hilft dir dabei, in deinem Leben bessere Entscheidungen zu treffen.

12

Sag nein

Ja sagen ist leicht – andere Leute mögen es, wenn man zu den Dingen, die sie wollen oder brauchen, ja sagt. Nein sagen dagegen ist schwieriger. Aber manchmal ist es genau das, was nötig ist, um glücklicher zu sein. Will dich jemand zu etwas überreden, wozu du keine Zeit oder Lust hast? Sag nein. Versucht jemand, dich zum Verletzen eines deiner Prinzipien zu bringen, bei dem du lieber hart bleiben würdest? Sag nein. Möchte jemand ein Projekt oder eine Aufgabe auf dich abwälzen? Sag einfach nein! Fällt dir das schwer, dann tu Folgendes: Stell dich vor einen Spiegel und übe zu sagen: »Nein, das geht nicht«, und dich dann umzudrehen und wegzugehen. Dann musst du nie wieder nachgeben, wenn du etwas nicht tun willst oder weißt, dass es keine gute Idee ist. Übe solange, bis nein zu sagen so einfach für dich ist wie ja zu sagen, denn es stellt ein wertvolles Utensil in deinem Rüstzeug für das Spiel des Lebens dar.

13

Schätze deine Großeltern

Wenn du mit Großeltern aufgewachsen bist, hast du wirklich Glück. Großeltern besitzen eine Schatztruhe voller Erinnerungen und Details aus einer vergangenen Zeit. Sie können dir helfen, Erfahrungen und Sorgen, die du durchlebst, mit denen deiner Vorfahren zu verknüpfen, und dir so ein solides Gefühl dafür vermitteln, dass du Teil eines großen Ganzen bist. Außerdem kennen sie unterhaltsame Geschichten darüber, was für kleine Racker deine Eltern als Kinder waren. Viele Leute haben diese Verbindung zur vorherigen Generation jedoch nicht. Wenn du also noch Großeltern hast, dann schätze sie! Das Wissen, dass du mit diesen lieben Menschen Zeit verbringen und von ihrem Wissen profitieren kannst, wird dich in den kommenden Jahren glücklicher machen.

14

Iss Schokolade

Wenn du einen Augenblick reinen Genusses erleben willst, dann iss ein Stück Zartbitterschokolade. Das sorgt nicht nur dafür, dass du dich gut fühlst, sondern bringt auch besondere gesundheitliche Vorteile. Es erhöht nämlich den Serotonin- und Endorphinspiegel im Gehirn. Mit anderen Worten: Es löst Glücksgefühle aus. Außerdem senkt es den Blutdruck, verbessert die Blutzirkulation durch die Arterien und Venen und ist ein sehr wirkungsvolles Antioxidans. Siehst du, Schokolade ist das perfekte Nahrungsmittel! Nasche einfach hin und wieder ein kleines Stück davon. Das tut der Seele gut.

15

Folge deinen Tagträumen

Haben dir andere schon mal gesagt, dass du mit der Träumerei aufhören musst? Nun, wie sich herausgestellt hat, lagen sie damit falsch. Tagträume regen den Geist auf kreative Weise an, bauen Stress ab, ordnen die Gedanken und helfen, Problemlösungen sowie neue Sichtweisen auf schwierige Themen zu erlangen. Außerdem machen sie natürlich glücklicher. Kurzum, regelmäßiges Tagträumen ist gesund. (Vorausgesetzt, du tust es nicht nur, um deinen täglichen Pflichten zu entkommen.) Stell dir einen Wecker und reise in Gedanken zu einer griechischen Insel, einem Trekkingpfad hoch im Himalaya, einem gepflegten englischen Anwesen, einem Strand auf Barbados oder überall dort hin, wo du sein möchtest. Schwelge in schönen Träumen!

16

Verreise mit deinem Haustier

Überlege immer, wenn du Zeit für etwas Erholung und Entspannung hast, ob es möglich ist, dein Haustier mitzunehmen. Dein Vierbeiner schenkt dir Glück und Liebe, also kannst du dich ruhig häufiger mal revanchieren und ihm einen Tapetenwechsel und ein paar neue Erlebnisse verschaffen. Reisen mit Fellnasen war nie einfacher – immer mehr Hotels, Campingplätze und Ferienwohnungen sind nach ihren Bedürfnissen gestaltet. Vielleicht findest du auf tierischer-urlaub.com oder strandpfoten.de etwas Passendes an deinem Wunschreiseziel. Oder frag einfach andere Tierbesitzer, wo sie ihre Ferien verbringen. Wenn du deinen Hund nicht mitnehmen willst, weil er an Reiseübelkeit leidet, sprich mit deinem Tierarzt über mögliche Lösungen für dieses Problem. Es gibt beispielsweise spezielle, nicht schläfrig machende Medikamente dagegen. Oder du unternimmt zunächst kurze Ausflüge mit ihm, um ihn nach und nach an längere Reisen zu gewöhnen.

17

Bezahl deine Rechnungen

Wahrscheinlich geht es dir wie den meisten Leuten und du kannst Rechnungen bezahlen nicht leiden. Aber im Grunde weißt du ja, dass es notwendig ist, um kreditwürdig zu bleiben. Am besten machst du einfach kurzen Prozess und gehst das Problem sofort an. Denn wenn du es aufschiebst, hast du letztendlich nur noch mehr Stress – wo du dem doch in zwanzig Minuten leicht abhelfen könntest. Also schnapp dir die Rechnungen, Laptop, Taschenrechner, Scheckbuch, Stift oder was du sonst brauchst und stell dir einen Wecker. Setz dich für zwanzig Minuten hin oder bis alles erledigt ist. Anschließend belohne dich mit einem Glas Wein, einem Stück Zartbitterschokolade oder mit etwas anderem, das dich glücklich macht.

18

Mach bei einem Schulausflug mit

Erinnerst du dich, wie aufregend Schulausflüge für dich als Kind waren? Du konntest die Schule verlassen, an einen neuen, spannenden Ort fahren, einfach Spaß haben und kamst zudem einen Tag lang um den lästigen Unterricht herum. Mach das doch mal wieder! Vielleicht geht eines deiner Kinder, eine Nichte, ein Neffe oder ein Kind aus deiner entfernteren Verwandtschaft noch zur Schule. Nimm dir einen Tag frei und melde dich als Begleitperson für einen anstehenden Ausflug. Schulen brauchen oft Erwachsene, die mit Kindern etwa zum Naturkundemuseum oder zu historischen oder kulturellen Schauplätzen fahren. So bekommst du aus erster Hand mit, was dein Kind während des Ausflugs erlebt, was es lernt und auf welche Weise. Außerdem macht es eine Menge Spaß, und dass du dir extra frei genommen hast, um dich dem Kind und seinen Klassenkameraden anzuschließen, wird ihm eine Menge bedeuten. Für viele ist das eine richtig große Sache und es macht sie froh und stolz. Hinzu kommt, dass der coole Papa oder Onkel bzw. die coole Mama oder Tante zu sein sich wirklich gut anfühlt!

19

Schrei in ein Kissen

Sicher warst du schon mal so wütend, dass du das Gefühl hattest, gleich zu platzen. Schrei das nächste Mal in ein Kissen und du wirst sofort Erleichterung verspüren. Durch diese Technik entlädt sich die aufgestaute Energie, durch welche die negativen Gefühle in dir feststecken – die Methode funktioniert besonders gut bei Wut oder Trauer. Schrei die wütenden Flüche, die du nicht mehr zurückhalten kannst, in das Kissen oder wein deinen Schmerz hinein. Lass deinen Gefühlen freien Lauf. Schlag mit den Fäusten auf das Kissen ein. Vielleicht musst du ein größeres nehmen oder dir sogar ein ganz neues anschaffen, falls es durch deine Schläge kaputtgeht. Aber dafür, dass du deine Wut loswirst, ist das doch ein kleines Opfer. Wenn du dann wieder etwas ruhiger geworden bist, tu etwas, das dich glücklich macht.

20

Mach das Beste aus Wartezeiten

Findest du nicht auch Schlange stehen total langweilig? Dann nutze doch beim nächsten Mal die Gelegenheit und finde neue Freunde! Fang mit jemandem, den du nicht kennst und der interessant (und sympathisch) aussieht, ein Gespräch an. Schließlich müsst ihr beide gerade beim Warten Zeit überbrücken. Ihr könnt euch also genauso gut dabei nett unterhalten. Vielleicht kannst du dem anderen irgendwie weiterhelfen, du machst einen Witz über die ganze Ansteh-Situation oder grüßt einfach freundlich. Möglicherweise beteiligen sich noch andere am Gespräch und du triffst auf eine Gruppe Leute mit ähnlichen Interessen (immerhin steht ihr ja alle für das gleiche Schlange). Das alles wirst du nie erfahren, außer du machst den Mund auf und beginnst eine Unterhaltung. So lassen sich auch im Urlaub leicht neue Bekanntschaften schließen, die deine Reiseerlebnisse noch schöner machen.

21

Spendier deiner Chefin einen Kaffee

Sollte deine Chefin dich immer ignorieren, gib ihr doch mal einen Kaffee aus, dann wird sich das vielleicht ändern. Oder bring ihr einfach als spontane, nette Geste einen mit. Sie ist vielleicht nicht gerade dein Lieblingsmensch, aber überleg mal, wie es wäre, an ihrer Stelle zu sein. Dass bei ihrer Einstellung der Sympathiefaktor eine große Rolle gespielt hat, ist unwahrscheinlich. Sie wurde eher genommen, weil sie über Referenzen, Erfahrung und das richtige Know-how für den Job verfügt. Wenn du manchmal deine Arbeit schwierig und anstrengend findest, dann stell dir vor, wie sich erst deine Chefin fühlen muss. Würdest du dich nicht total freuen, wenn dir jemand einfach so einen Kaffee mitbringen würde, wenn du gerade überfordert, frustriert, deprimiert, unkonzentriert, mit der Arbeit im Rückstand oder gestresst bist? Also spendiere deiner Chefin einen Kaffee und zaubere ein Lächeln in ihr Gesicht – und auch in deins.

22

Mach einen Ausritt

Stell dir vor, wie du, eingemummelt in einen dicken Pullover und Schal, an einem kühlen Herbst- oder Frühlingsmorgen einen Strand entlangreitest, wo die Wellen tosen. Oder über eine üppig bewachsene Waldlichtung voller taufeuchter Spinnennetze und kleiner Insekten, die davonhuschen, sobald eure Wege sich kreuzen. Von einem Pferderücken aus wirkt die Welt anders und sie fühlt sich auch anders an. Reiten scheint den Seh-, Geruchs- und Tastsinn zu schärfen. Man macht sogar ein kleines Workout: Beim Galopp zum Beispiel muss man sowohl die Beinmuskulatur als auch Hände und Füße einsetzen, um im Sattel zu bleiben! Aber ganz egal, wie schnell man reitet, die Freude, die man verspürt, wenn man auf einem Pferd sitzt und die Welt von oben betrachtet, macht diese Sportart wirklich lohnenswert.

23

Gönn dir zum Geburtstag etwas Besonderes

Plane doch dieses Jahr mal etwas an deinem Geburtstag, das du nie vergessen wirst, anstatt wie sonst mit deiner Partnerin oder der Familie essen zu gehen! Vielleicht würdest du gern nach London fliegen, bei Harrods einkaufen und dir anschließend im West End ein Theaterstück ansehen? Nur zu, worauf wartest du noch? Buche einen Kurztrip. Man lebt schließlich nur einmal. Oder vielleicht wolltest du schon immer bergsteigen, tauchen oder Fallschirm springen? Geh ins Internet, finde alles wichtige darüber heraus und dann mach es. Ganz wichtig dabei: Was auch immer du tust, tu es auf deine Art und genieß jede Minute.

24

Spende herumliegendes Kleingeld

Für eine schnelle Portion Glück sammle alle Münzen ein, die in den Couchritzen oder sonst wo bei dir zu Hause herumliegen und spende sie für eine guten Zweck. In Haushalten findet sich so einiges an losem Kleingeld unter Sofakissen, in Schubladen und sogar in der Waschküche (wo viele Münzen beim Waschen zum Vorschein kommen). Es gibt unzählige Möglichkeiten, das Geld zu spenden: Beispielsweise kann man es an Supermarktkassen in Sammeldosen oder in der Kirche, der Synagoge oder Moschee in den Klingelbeutel werfen oder einfach der bevorzugten Hilfsorganisation spenden. Laut Glücksforschern fördert etwas Selbstloses für andere zu tun die eigene Zufriedenheit.

25

Sag jemandem, dass du stolz auf ihn bist

Den Satz »Ich bin stolz auf dich!« hören die meisten Leute nur sehr selten. Aber *wenn* ihnen jemand so etwas sagt, tut es dem Selbstwertgefühl wirklich gut. Sei großzügig mit ermutigenden Worten und Lob! Das kostet dich nichts und macht andere glücklich. Durch dein Beispiel kannst du ihnen zeigen, dass es zum Glücklichsein nicht unbedingt eine Riesenkarriere, viel Geld und einen dicken Schlitten in der Garage braucht.

26

Bekämpfe eine deiner Macken

Schwächen hat jeder, doch das bedeutet nicht, dass man sie nie loswerden kann. Such dir eine deiner weniger guten Eigenschaften aus, die du gerne ändern oder ablegen würdest. Als erstes sei völlig ehrlich zu dir selbst und überlege, was deine schlechten Charakterzüge sind. Bist du eine Tratschtante? Hast du ein aufbrausendes Temperament und brennt dir schnell mal die Sicherung durch? Schiebst du oft Dinge auf die lange Bank und gehst sie erst an, wenn daraus schon ein ganzer Berg von Problemen geworden ist? Machst du immer noch andere für alles verantwortlich, was in deinem Leben schiefläuft? Such dir aus, was du ändern willst. Aber vergiss dabei nie, auch das Gute in dir und anderen zu sehen.

27

Schmeiß eine Sushi-Party

Ein gemeinsames Essen mit Freunden ist eine der angenehmsten Aktivitäten, die es gibt. Also warum lädst du nicht mal ein paar Freunde zu dir nach Hause ein und ihr macht zusammen Sushi? Gib eine Sushi-selber-rollen-Party. Sag jedem Gast, dass er noch jemanden mitbringen darf. Vorher besorgst du die Zutaten (Sushi-Reis, Nori- oder andere Algenblätter, Krabben, Gurke, Avocado und so weiter). Erkläre zunächst allen, wie es funktioniert: Jeder gibt etwas Reis auf ein Noriblatt, fügt die gewünschte Füllung hinzu, rollt es zusammen, benetzt ein Ende mit Wasser, damit es festklebt und schneidet dann die Rolle mehrmals durch. Anschließend dürfen alle die verschiedenen Sushi-Kreationen probieren, quatschen, lachen und essen. Möchte noch jemand Sake?

28

Füttere dein Gehirn

Ein altes Sprichwort heißt: »Man ist, was man isst.« Wenn du also glücklicher sein willst, solltest du Wert auf eine ausgewogene Ernährung legen! Junk Food belastet den Organismus und begünstigt Stimmungstiefs. Gesündere Nahrungsmittel dagegen fördern nicht nur die Gesundheit, sondern machen auch zufriedener und leistungsfähiger. Omega-3-Fettsäuren sind sowohl besonders gut fürs Gehirn als auch lebensnotwendig, werden jedoch vom Körper nicht produziert. Deswegen muss er sie aus der Nahrung gewinnen, die wir zu uns nehmen. Enthalten sind sie zum Beispiel in Heilbutt, Hering, Lachs, Sardine, Makrele, Schwert- und Thunfisch. Andere zuverlässige Lieferanten dafür sind Leinsamen, Walnüsse, Weizenkeime, Kürbis und Spinat. Wenn du also dein Herz gesund halten und dein Gehirn füttern willst, dann iss Omega-3-Fettsäuren.

29

Stell dir vor, Anerkennung zu bekommen

Sicher, deine Arbeit macht dich ganz zufrieden. Trotzdem willst du bestimmt eigentlich noch mehr Anerkennung für die großen Leistungen und Meilensteine, die du erreicht hast, oder? Verschaff dir den ersehnten Ruhm, indem du das Gesetz der Anziehung anwendest. Nimm dir abends vor dem Schlafengehen fünf Minuten Zeit, um den Kopf frei zu bekommen. Dann konzentriere dich und erschaffe in deiner Fantasie ein Szenario, in dem du Lob, Auszeichnungen und Applaus bekommst. Dann ergänze die imaginierte Situation um Emotionen. Konzentriere dich auf deine Gefühle und Stimmung, während du den anderen dabei zuhörst, wie sie über deine Erfolge sprechen. Das Unterbewusstsein kann reale Erlebnisse nicht von ausgedachten unterscheiden – laut dem Gesetz der Anziehung musst du nur fest an etwas glauben und deine Vorstellung davon mit so viel Gefühl wie möglich aufladen, damit es Wirklichkeit wird. Lass die Glücksgefühle deine Träume und deine anschließende Arbeitszeit erfüllen!

30

Stell dir zwei Arten vor, dein Leben zu verbessern

Dein Freund macht mit dir Schluss. Dein Hund stirbt. Dein Auto hat einen Totalschaden wegen eines heruntergefallenen Asts. Dein Chef entlässt Mitarbeiter und du gehörst dazu. An manchen Tagen scheint alles schiefzulaufen. Aber: Veränderungen kommen bestimmt und alles kann und wird besser werden. Überleg dir zwei Arten, wie sich dein Leben zum Positiven wandeln könnte! Zum Beispiel könnte ein neuer Partner in dein Leben treten, der Hunde hat. Oder du findest einen neuen Job, in dem du einen Firmenwagen bekommst. Bald ist das Leben wieder schön und du bist obenauf. Genieße den Gedanken!

31

Pack weniger ein

Immer einen riesigen Koffer mit in den Urlaub zu nehmen kann aus mehreren Gründen wirklich nervenaufreibend sein. Allein schon wegen der Gebühr, welche die meisten Fluggesellschaften mittlerweile für aufgegebenes Gepäck verlangen. Wenig Ballast zu haben ist daher sinnvoller denn je! Kauf dir eine Grundausstattung leichter, bügelfreier, unkompliziert waschbarer Kleidung, am besten in neutralen Farben wie schwarz oder beige, die sich ganz einfach für besondere Anlässe aufpeppen lässt. Pack weniger ein, verreise mit leichtem Gepäck und schone deine Nerven.

32

Vergrößere deinen Freundeskreis

Laut der Glücksforschung haben Freundschaften einen größeren Einfluss auf die Zufriedenheit als das Einkommen. Kameradschaft stimuliert den Schaltkreis im Gehirn, der dafür zuständig ist, dass wir Bindungen eingehen und uns sozialen Gruppen anschließen. Dadurch fühlen wir uns sicher und geliebt. Laut einer Studie des nationalen Zentrums für Meinungsforschung in den USA sind Menschen umso glücklicher je mehr Freunde sie haben. Darüber hinaus aktiviert Freundschaft alle wichtigen Hirnareale. Im Oktober 2010 fanden Forscher der Harvard University heraus, dass die Hirnregionen, die für Ausgeglichenheit, Vertrauen und Glück sorgen, stärker reagieren, wenn Menschen anstatt an einen Fremden mit ähnlichen Interessen (wie etwa einen Arbeitskollegen) an einen Freund denken. Wenn du dich also mal nicht mit deinen Freunden treffen kannst, dann denk wenigstens an sie.

33

Sei dankbar

Wenn wir uns auf das konzentrieren, was wir an unserem Leben lieben, wird die Hirnregion, in der Emotionen verarbeitet werden, positiv aktiviert. Dadurch entsteht ein intensives, gutes Gefühl, frei von Sorgen und Angst, ein Bewusstseinszustand, der uns ermöglicht, glückliche Momente richtig zu genießen. Schreibe abends vor dem Schlafengehen mindestens fünf Dinge auf, für die du dankbar bist, und nimm dir Zeit, die Freude, die jedes von ihnen dir bringt, erneut zu erleben. Konzentrier dich auf das, was dich im Leben glücklich macht, und du wirst merken, dass du dich bald allgemein besser fühlst und beginnst, alles mit mehr Ruhe anzugehen und die guten Zeiten voll auszukosten.

34

Hab einen Orgasmus

Um zu wissen, dass Sex glücklich macht, braucht man kein Genie zu sein. Bei den meisten Leuten löst der Liebesakt angenehme Gefühle aus, die (hoffentlich) zu einem Orgasmus führen. Beim sexuellen Höhepunkt kommt es im Gehirn zum höchstmöglichen natürlichen Dopaminausstoß, der auf legalem Weg zu erreichen ist. Niederländische Wissenschaftler untersuchten die Gehirne glücklicher Freiwilliger, die gerade einen Orgasmus hatten. Das Ergebnis: Ihre Computertomographien ähnelten denen von Menschen im Heroinrausch!

35

Genieße in vollen Zügen

Erlerne die Kunst, etwas voll auszukosten: Such dir eine angenehme Beschäftigung und lass es ruhig angehen. Wenn du zum Beispiel einen Spaziergang machst, dann bleib dabei häufiger stehen und betrachte den Ausblick, der sich dir bietet. Rieche an einer Blüte oder streichle den Nachbarshund. Halte auch hin und wieder an, um langsam die frische Luft einzuatmen und zu spüren, wie sie in deine Lunge strömt. Lass die Düfte der Jahreszeit Erinnerungen an glückliche Tage in deiner Vergangenheit wecken. Oder höre eine halbe Stunde lang intensiv deine Lieblingsmusik und nimm dabei ein Bad oder massiere deinen Partner. Der Schlüssel liegt darin, dich ausgiebig dem zu widmen, was dir körperlich, geistig oder emotional so richtig gut tut.

36

Schlaf länger

Wer eine positive Lebenseinstellung haben und glücklich sein will, der sollte für ausreichend Schlaf sorgen, denn der Körper braucht ihn dringend! Wissenschaftler sagen, dass sonst der Geist nur eingeschränkt arbeitet: Schlafmangel verringert beispielsweise die Leistungsfähigkeit tagsüber, da er Energie kostet und das Denken erschwert. Und auf lange Sicht hat er ernste Konsequenzen: Während wir schlafen, setzen nämlich in unserem Körper wichtige Regulierungsfunktionen und Organe ihre lebensnotwendige Arbeit fort. Tatsächlich stellten Schlafforscher fest, dass bestimmte Hirnregionen dann sogar verstärkt aktiv werden. Also achte auf genug Schlaf, damit du erfrischt, gut gelaunt und voller Energie in den Tag starten kannst.

37

Mach Urlaub

Nimm dir frei – das tut der Seele gut! Laut einer Studie senkt regelmäßiger Urlaub bei Männern um die 40 das Risiko, an einem Herzinfarkt zu sterben. Trotzdem schöpft rund ein Drittel der Deutschen seine Urlaubstage nicht voll aus. Ferien stellen die Work-Life-Balance wieder her, da sie vom ständigen Druck durch berufliche Verpflichtungen, Termine und Fristen entlasten. Selbst wenn du nicht verreist, nimm dir doch mal ein paar Urlaubstage einfach zum Relaxen, Schlafen und Kräfte sammeln. Dann kannst du anschließend wieder glücklich und mit frischer Energie zur Arbeit gehen.

38

Hör auf zu schmollen

Wenn du glücklich sein willst, dann hör auf zu schmollen. Denn das Festhalten an Ärger, Missgunst und Feindseligkeiten schadet dir sowohl geistig als auch emotional und körperlich. Selbst wenn der Zwischenfall erst am Vortag passiert ist, kann es sein, dass die Person, auf die du sauer bist, alles schon völlig vergessen hat. Was nützt es da also, weiter eingeschnappt zu sein? Du hast selbst in der Hand, ob du ein positives Leben führst. Gib das nicht auf, nur um jemandem etwas nachzutragen. Finde stattdessen einen Weg, wie du über die Sache hinwegkommst. Besuche ein Anti-Aggressionstraining oder lies Bücher, die dir spezielle Strategien für den Umgang mit Wutproblemen aufzeigen. Sorge gut für dich, liebe und respektiere dich selbst genug, um deinen Ärger loslassen zu können.

39

Erzähl einen (lustigen) Witz

Durch das Erzählen von Witzen kann man seine Mitmenschen sehr gut aufmuntern, verkrampfte Situationen auflockern oder etwas Leichtigkeit in stressige Tage bringen. Das Wichtige dabei ist, dass die Witze wirklich lustig sind, nicht etwa abgedroschen oder geschmacklos. Sich einen Witz einprägen und ihn anderen erzählen ist außerdem eine gute Methode, um den eigenen Sinn für Humor weiterzuentwickeln. Plus: Wusstest du, dass Lachen das Risiko für Herzkrankheiten verringert? Dazu kommt, dass es über Trauer und Leid hinweghilft. Willst du dich gut fühlen? Dann sei in der Lage, auch in stressigen Situationen zu lachen.

40

Iss dein Lieblingsgericht

Du weißt, wie glücklich du bist, wenn du deine Leib- und Magenspeise isst. Darum ist es ja dein Lieblingsessen. Koche oder bestelle dir das eine Gericht, das dir ein Lächeln ins Gesicht zaubert. Das kann Hausmannskost aus deiner Kindheit sein, ein exotisches Rezept, das du das erste Mal im Urlaub probiert hast, oder sogar eine Gaumenfreude, deren Zubereitung du gelernt hast, als du mit jemandem aus einem anderen Land zusammen warst. Dann lass dir die Hähnchen-Tajine, die Lasagne al Forno, das Chop Suey, das Schnitzel in Rahmsoße oder was auch immer du am liebsten magst, bis zum letzten Bissen schmecken.

41

Spür das Glück des Bambus

Stell einen Glücksbambus auf die Arbeitsfläche in deiner Küche, wo er dankbar die warme Luft genießen wird. Für die erfolgreiche Pflege dieser Pflanze muss man keinen grünen Daumen haben. Sie braucht nicht viel Licht und wächst in einfachem Wasser (so lange es sauber und der Wasserstand in der Vase oder Schale immer gleich ist). Laut der altertümlichen chinesischen Tradition des Feng Shui verbreitet der »Glücksbambus«, der eigentlich gar kein Bambus ist, sondern zur Familie der Liliengewächse gehört, Harmonie überall dort, wo er aufgestellt wird. Seine zahlreichen grünen Blätter wachsen anmutig an schmalen Stängeln. Für Glück, Reichtum und ein langes Leben stell einen Bambus mit drei Stielen in dein Schlafzimmer oder, wenn du von zu Hause aus arbeitest, platziere für Wohlstand einen mit sechs Stielen in deinem Arbeitszimmer.

42

Geh in eine Kirche, Synagoge oder Moschee

Besuche diese Woche mindestens einen Gottesdienst in deiner Glaubensrichtung. Statistiken zeigen, dass die Zugehörigkeit zu einer Religion oder spirituellen Tradition und der Glaube an sie wichtige Bestandteile eines erfüllten, glücklichen Lebens sind, in dem wir unsere Ziele erreichen und uns selbst verwirklichen können. Eine Möglichkeit, mit deinem inneren spirituellen Kern in Kontakt zu bleiben, besteht darin, Gottesdienste oder Versammlungen zu besuchen, in denen andere deinen Glauben teilen. Laut einigen Studien fördert die regelmäßige Teilnahme an solchen Veranstaltungen das Wohlbefinden, den Gemeinschaftsgeist sowie ein stabiles, gesundes und glückliches Familienleben, und dient außerdem der Stärkung persönlicher Überzeugungen. Solltest du keiner Religion angehören, rufe dein eigenes Ritual ins Leben, mit dem du regelmäßig das würdigst, woran du glaubst. Das kann sehr aufwändig oder ganz einfach sein, nimm dir zum Beispiel häufiger ein paar Minuten Zeit, um über Überzeugungen, die dich inspirieren, nachzudenken oder Artikel darüber zu lesen.

43

Mach einen Wochenendurlaub mit deinem Partner

Von nichts kommt nichts, das gilt besonders für Liebesbeziehungen. Also widme deinem Partner so viel Aufmerksamkeit, wie du dir selbst wünschst! Reserviere ein Zimmer in einem schönen Hotel oder einer Pension in deiner Nähe. Solche Unterkünfte haben gewöhnlich intime, gemütliche Räumlichkeiten und komfortable Schlafzimmer (manchmal gibt es dort auch einen offenen Kamin und einen Whirlpool). Überrasche deinen Partner mit dem Urlaub und du wirst merken, wie eure Liebe aufblüht.

44

Sei häufiger nett zu anderen

Drück im Aufzug für jemanden den Knopf. Hilf einem älteren Menschen die Stufen eines Gebäudes oder Bahnsteigs hinauf oder in den Bus. Steck Kleingeld in eine Spendendose. Lass jemanden an der Supermarktkasse vor. Schaufle vor dem Nachbarshaus den Schnee vom Gehweg. Biete jemanden an, unter deinen Regenschirm zu kommen. Solche netten Gesten kosten nicht viel Mühe, lohnen sich jedoch sehr, weil sie für gutes Karma und Glück sorgen.

45

Spende Blut

Das größte Geschenk, das man anderen machen kann, ist das Geschenk des Lebens. Krankenhäuser im ganzen Land führen jeden Tag lebensrettende Bluttransfusionen durch, doch allzu oft veranlasst der Mangel an geeignetem Blut Kliniken, das Rote Kreuz oder Blutspendezentren dazu, Bürger um Blutspenden zu bitten. Überlege, ob du regelmäßig oder auch nur einmal im Jahr Blut spenden möchtest – vielleicht tust du es an deinem Geburtstag, damit jemand anders seinen nächsten noch erlebt. So wirst du durch deine eigene Großzügigkeit an deinem besonderen Tag noch glücklicher sein als du es ohnehin schon bist.

46

Flirte mit jemandem

Flirten macht Spaß, tut keinem weh und bewirkt, dass du dich gut fühlst. Wenn du das nächste Mal in einer Buchhandlung oder einem Café bist – oder sei es auch nur ein Supermarkt – versuch es mal mit einem kleinen Flirt. Sagen wir, du siehst einen attraktiven Typ, der in einem Reiseführer blättert. Oder vielleicht steht eine hübsche Frau vor den Science-Fiction-Romanen oder dem Regal mit den Karriereratgebern. Der springende Punkt ist, dass dir gefällt, was du siehst. Du könntest zu der Person hinüber gehen, dich entschuldigen und nach einem Buch greifen, das genau vor ihr steht. Wenn du ein wenig schüchtern bist, stelle einfach Blickkontakt mit ihr her und lächle sie dann freundlich an. Oder kommentiere den Reiseführer, den der Typ gerade liest. Vielleicht geht es darin ja um Irland, durch dessen Hügellandschaften du vor ein paar Jahren mit dem Fahrrad geradelt bist? Hast du *Finnegans Wake* von dem irischen Schriftsteller James Joyce gelesen? Zeig Neugier und Interesse für das Thema (und die Person) und flirte drauflos.

47

Lass jemand anders kochen

Bist du manchmal zu faul zum Kochen? Gibt es für dich gerade nichts Schlimmeres, als das nächste Abendessen zu planen? Lass dich davon nicht stressen oder dir die Laune vermiesen. Ermuntere jedes Familienmitglied, einmal wöchentlich zu kochen – oder falls ermuntern nicht reicht, *überrede* es eben dazu. Sei dankbar und nachsichtig, auch wenn dir mal ein paar belegte Brote serviert werden – wenigstens musstest du sie nicht selbst machen! Wenn du Kinder hast, dann besorg ihnen ein Kochbuch, das für ihr Alter geeignet ist, und hilf ihnen, ein paar Rezepte zu lernen. Danach sollen sie es dann selbst versuchen. Übe mit der ganzen Familie, damit du dich, wenn du das nächste Mal keine Lust zu kochen hast, einfach zurücklehnen und im Familienplaner nachschauen kannst, wer gerade stattdessen dran ist.

48

Gestalte Geburtstagskarten selbst

Eine Karte zu gestalten, die genau das aussagt, was du möchtest, macht viel mehr Spaß, als in einem Geschäft Dutzende davon zu durchstöbern. Dass es dich nichts kostet, da du alle notwendigen Dinge schon zu Hause hast, ist ein weiterer Grund, sich zu freuen! Ein oder zwei Blätter buntes Papier, Klebstoff, Schere, Farbstifte und ein paar Zeitschriften sind alles, was du brauchst, um eine tolle, persönliche Karte herzustellen, die garantiert von allen bewundert wird. Suche im Internet nach dem passenden Geburtstagsgruß oder erfinde einen eigenen, schneide dann aus Zeitschriften Bilder oder Worte aus, die deine Gedanken widerspiegeln. Das macht Spaß! Außerdem wirst du sehen, dass der Empfänger der Karte deine harte Arbeit sehr viel mehr zu schätzen weiß, als wenn du ihm einfach irgendeine gekaufte Karte schenkst.

49

Bau dein eigenes Gemüse an

Frisch geerntetes Gemüse schmeckt nicht nur viel besser als sein verschicktes und gelagertes Pendant, es enthält auch mehr Vitamine. Warum also nicht deinen Körper gesünder und dich glücklicher machen, indem du dein eigenes Gemüse anbaust? Lege einen kleinen Garten an und denke auch daran, Begleitpflanzen zu setzen – das sind Pflanzen, die bestimmte Schädlinge abwehren, die den Garten sonst befallen würden –, um die Zahl der Parasiten auf natürliche Weise möglichst klein zu halten. Für so einen Garten braucht es nicht viel Platz, aber wenn du davon zu wenig hast, kannst du dein Gemüse natürlich anstatt im Beet auch in Blumentöpfen und -kästen auf Terrasse oder Balkon ziehen. Ein weiterer Vorteil von selbst angebautem Gemüse für deine Gesundheit besteht darin, dass es weder mit Kunstdünger noch mit Pestiziden in Berührung kommt.

50

Gönn dir einen Wellness-Tag

Wenn dir das Leben wie ein Hamsterrad vorkommt, aus dem du einfach mal aussteigen musst, dann gönn dir doch einen Tag in einem Day Spa. Lass dir zum Beispiel eine Maniküre, Pediküre oder Anti-Aging-Gesichtsbehandlung machen. Wenn du es gern ein bisschen radikaler hast, kannst du auch ein Darm-Detoxing, eine Fangokur oder ein Bad im Floating Tank ausprobieren. (Letzteres ist ein geschlossenes, abgedunkeltes und mit hochprozentigem Salzwasser gefülltes Becken, in dem man im Wasser »schwebt«.) Willst du Körper und Seele verwöhnen, dann suche dazu ein gehobenes, medizinisches Day Spa auf, das innovative, topaktuelle Therapien und ganzheitliche Wellnessbehandlungen mit den uralten Heilverfahren anderer Kulturen verbindet.

51

Entspann dich vor dem Schlafengehen

Bist du nach einem langen Arbeitstag angespannt? Wälzt du dich jede Nacht hin und her, während du versuchst, endlich wegzudösen? Wer seine Nervosität vor dem Zubettgehen loswird, schläft meistens schneller ein, hat eine bessere Schlafqualität und wacht morgens entspannter und erfrischter auf. Es gibt viele Methoden, zur Ruhe zu kommen und die im Körper aufgestaute Anspannung abzubauen, etwa ein heißes Bad, ein Glas Wein, Entspannungsmusik, Atemübungen oder ein Gebet, in dem man seine Sorgen an eine höhere Macht abgibt. Statt im Leben ständig unter Strom zu stehen, tu etwas dafür, den Stress loszulassen, der sich über den Tag angesammelt hat, damit dein Schlaf tief und erholsam ist.

52

Mach einen Haushaltsplan (und halte dich daran)

Die wenigsten Leute verbinden mit einem Haushaltsplan auch automatisch das Glücklichsein. Aber hat man Schulden (was überhaupt nicht glücklich macht), dann ist er die Fahrkarte zum Glück. Denn wenn man weiß, wohin man fährt, kann man kontrollieren, wie man dort ankommt! Beginne, indem du aufschreibst, welche monatlichen Einnahmequellen du hast und wie hoch sie im Einzelnen sind. Liste dann alle Rechnungen auf, als Erstes die, die schon angemahnt wurden, und Schulden mit hohen Zinsen. Mach anschließend eine zweite Liste mit deinen monatlichen Ausgaben. Denke über kostensparende Wege nach, durch die sich deine finanziellen Verpflichtungen und Bedürfnisse erfüllen lassen. Zum Beispiel selbstgekochtes Mittagessen statt essen gehen, eine mitgebrachte Thermoskanne Kaffee auf der Arbeit statt des gekauften, eine Fahrgemeinschaft statt alleine fahren. Schreib dir das Fälligkeitsdatum von allen Rechnungen in den Kalender. Lebe sparsam, aber mit der Befriedigung, zusehen zu können, wie der Schuldenberg langsam abnimmt und deine Ersparnisse wachsen.

53

Trag jemandem die Tasche

Hilf jemandem, der sich mit seinem Gepäck abmüht. Vielleicht versucht jemand, in die Straßenbahn Richtung Flughafen einzusteigen, mit der du auch fährst? Oder jemand kommt mit einem voll beladenen Fahrrad vom Flohmarkt. Nimm ihm etwas ab und mach seine Last leichter. Vielleicht siehst du auch einen älteren Menschen, der nach dem Lebensmitteleinkauf mit seinen schweren Taschen zu kämpfen hat. Warte nicht darauf, dass jemand anders ihm hilft – tu es selbst. Und lächle dabei. Jeder braucht manchmal Hilfe!

54

Backe Kekse für den Büro-Miesepeter

Wenn jemand bei dir im Büro oft mürrisch ist, pausenlos herumstänkert, oder (fast) grundlos in die Luft geht, biete ihm doch mal einen Teller frisch gebackene Kekse an. Selbst wenn er sie ablehnt, hast du wenigstens versucht, ein bisschen Freude in sein Leben zu bringen. So eine Geste kann funktionieren, muss sie aber nicht. Manche Leute haben sich so sehr daran gewöhnt, unglücklich zu sein und sich zu fühlen, als sei die ganze Welt gegen sie, dass sie außerhalb ihrer Komfortzone sind, wenn jemand plötzlich etwas Nettes für sie tut. Aber in Wirklichkeit sehnt sich der Miesepeter wahrscheinlich nach Freundschaft und Zuwendung.

55

Sag die Wahrheit, die reine Wahrheit und nichts als die Wahrheit

Schaffst du es, einen ganzen Tag lang die Wahrheit, also wirklich *nur* die Wahrheit zu sagen? Genau wie für das Denken von positiven Gedanken braucht es dazu nämlich viel Übung. Menschen erzählen aus allen möglichen Gründen kleine Notlügen, Halbwahrheiten oder zweckdienliche Schwindeleien. Etwa um die Schuld von sich zu weisen, etwas vorzutäuschen oder abzustreiten oder einfach, um sich besser zu fühlen. Manchmal benutzen wir kleine Notlügen, weil wir andere nicht verletzen wollen. Wenn zum Beispiel deinem Arbeitskollegen die Kündigung bevorsteht und du verneinst, etwas darüber zu wissen, wenn er dich fragt. Zu überlegen, wie du ihm die Wahrheit schonend beibringen könntest, würde mehr Energie kosten, als einfach zu lügen. Aber wenn du dich in deinem Leben immer an die Wahrheit hältst, werden andere deine Ehrlichkeit zu schätzen wissen und dir vertrauen.

56

Schreib einen Dankeschön-Zettel

Ein Mitglied deiner Arbeitsgruppe hat dir geholfen, eine Frist einzuhalten, jemand ist beim Meeting für dich eingesprungen, deine Partnerin hat einen Teil der Hausarbeit übernommen, dein Vater oder deine Mutter hat dein Lieblingsgericht gekocht ... Was auch immer der Gefallen war, den dir jemand getan hat, nimm dir die Zeit, eine Dankesnotiz zu schreiben. Und schick sie nicht einfach per E-Mail! Ein handgeschriebener Zettel ist ein viel persönlicherer Ausdruck von Anerkennung. Lässt du deine Mitmenschen durch das Schreiben einer netten Notiz wissen, dass du sie und ihren Beitrag als wichtig und bedeutsam erachtest, wirst du höchstwahrscheinlich beim nächsten Mal, wenn du Hilfe brauchst, mit ihrer Loyalität und Unterstützung belohnt.

57

Tanz durch die Küche

Beginne den Tag mit ein bisschen Salsa, Mambo oder deinen Lieblingstanzschritten, während du die Kaffeemaschine befüllst. Tanz bis der Kaffee fertig ist. Dann trink eine Tasse und tanz weiter! Fang mit der beschwingten Beinarbeit im der Küche an und wirble durch die Wohnung. Wenn du zur Arbeit musst, tanz den Weg zum Kleiderschrank und mach damit weiter, während du dich schminkst. Sammle tanzend Geldbeutel, Brieftasche und Autoschlüssel ein – und dann hüpf zur Garage. Bleib immer in Bewegung und du wirst merken, wie du gute Laune bekommst und die Kilos purzeln.

58

Sammle etwas

Die einfachste Art, mit einer Sammlung zu beginnen, ist, etwas zu erwerben, das dir gut gefällt, vielleicht wegen seiner historischer Bedeutung, seiner Schönheit oder seinem Wert. Egal, ob es sich dabei um Bernsteinschmuck, Spielzeugklassiker aus deiner Kindheit, antike Salz- und Pfefferstreuer-Sets, alte Comichefte oder etwas ganz anderes handelt, benutze das Stück als Anfang für die Sammlung. Lege anschließend ein Budget fest und räume in deinem Zuhause Platz für die Sammlung frei. Erweitere außerdem dein Wissen über deine Anschaffungen und baue Kontakt mit anderen Leuten auf, die diese Objekte kaufen und verkaufen. Und dann verbring viele glückliche Stunden mit der Suche nach Stücken, die du zu deiner Sammlung hinzufügen kannst!

59

Trink einen Kaffee mit einem Konkurrenten

Anstatt schlechte Gefühle wachsen und dein Glück ruinieren zu lassen, finde einen Weg, wie du mit Konkurrenten zusammenarbeiten kannst. Sagen wir beispielsweise du besitzt einen Secondhand-Laden und ein paar Häuser weiter hat gerade ein weiterer eröffnet. Würdest du dich mit dem neuen Besitzer zusammensetzen, wenn das Wissen, das du durch so ein Treffen erlangst, euch beiden nützen würde? Wahrscheinlich schon, oder? Um den Dialog zwischen dir und deinem »Gegner« zu eröffnen, schlage also zum Beispiel ein gemeinsames Kaffeetrinken vor. Finde dabei heraus, wo eure Sichtweisen übereinstimmen und wo sie sich unterscheiden. Hör aktiv zu und wiederhole laut, was du denkst, gerade gehört zu haben. Möglicherweise stellst du fest, dass es Unterschiede gibt zwischen dem tatsächlich Gesagten und dem, was du zu verstehen geglaubt hast. Versuche, mit deinem Konkurrenten auf einen gemeinsamen Nenner zu kommen. Gibt es eine Möglichkeit, wie ihr zusammenarbeiten könntet, um mehr Kundschaft in beide Läden zu locken? Denkt euch Win-win-Situationen aus, die euch beiden nützen würden.

60

Dehn dich

Kennst du das? Du hast stundenlang auf einem Stuhl gesessen und Zahlen eingetippt oder E-Mails beantwortet und dein Körper fühlt sich total steif an, wenn du endlich aufstehst. Glücklicherweise braucht es nur ein paar Minuten, um sich zu dehnen. Manche Dehnübungen kann man auch im Sitzen oder Stehen vor dem Schreibtisch machen. Solltest du zufällig eine Yogamatte besitzen, dann begib dich damit in eine gemütliche, ruhige Ecke und mach ein paar Übungen. Danach fühlst du dich erfrischt, beweglich, ausgeglichen und glücklicher.

61

Klopf dir selbst auf die Schulter

Du lobst Freunde, Arbeitskollegen und deine Liebsten, wenn sie etwas besonders gut gemacht haben, also warum nicht auch mal dich selbst? Darauf stolz zu sein, dass du eine Aufgabe erledigt oder einen Durchbruch erreicht hast, macht dich noch lange nicht zum Aufschneider oder Egoisten – du arbeitest sehr hart und schaffst vieles, was niemand außer dir selbst anerkennt. Wenn du ein schwieriges Klavierstück endlich fehlerfrei gespielt oder eine raffinierte Möglichkeit gefunden hast, das Budget für dein Projekt zu erhöhen, sag dir, wie toll und begabt du bist. Dann sonn dich einen Moment in deinem Erfolg. Du hast es verdient!

62

Trink mit Freunden Wein

Wenn du Wein magst und deine Freunde auch, dann gründet doch einen Weinclub. (Denn ein Club, in dem man etwas Gutes zu trinken bekommt, ist wohl der beste Club!) Veranstaltet monatliche Treffen mit Blindverkostungen. Das funktioniert so: Zunächst beschließt ihr vor jedem Treffen, welchen Wein ihr jeweils probieren wollt. Pinot (Noir oder Gris), Cabernet Sauvignon, Burgunder, Chardonnay, Sauvignon Blanc, Zinfandel oder was euch sonst gut schmeckt. Jeder bringt eine Flasche von dem entsprechenden Wein und einen kleinen Aperitif für alle mit. (Wenn ihr den ganzen Wein trinken wollt, müsst ihr schließlich auch etwas im Magen haben!) Packt alle Flaschen in nummerierte Papiertüten, sodass niemand die Etiketten sieht und ihr alle Weine unvoreingenommen genießen könnt. Dann bekommt jeder Zettel und Stift und schreibt auf, wie ihm der jeweilige Wein schmeckt. Das Abenteuer kann beginnen! Vielleicht entdeckst du sogar einen neuen Lieblingswein. Aber auf jeden Fall verbringst du einen schönen Abend mit Freunden und probierst etwas Neues aus.

63

Experimentiere mit ätherischen Ölen

Ätherische Öle sind Destillate aus Heilpflanzen mit wohltuenden Eigenschaften. Einige davon sind anregend, andere beruhigend. Auf dem Markt ist eine große Anzahl entspannender, aromatischer Öle erhältlich, aber zu den beliebtesten zählen Lavendel, Salbei, Sandelholz, Weihrauch und Kamille. Wie du sie benutzt, bleibt dir selbst überlassen. Manche Leute zünden zur Entspannung nach einem anstrengenden Arbeitstag Duftkerzen an, andere geben lieber einige Tropfen Öl ins Badewasser oder auf ihr Kopfkissen, damit sie abends besser abschalten und einschlafen können. Das Wichtige ist, einen Duft zu wählen, der gleichzeitig angenehm und entspannend ist. Meistens eignen sich florale Düfte am besten, da zum Beispiel Essensdüfte hungrig machen. Vermeide herbe oder scharfe Gerüche, wie zum Beispiel Zitrone, weil diese möglicherweise das Gegenteil bewirken und munter machen, anstatt zu beruhigen. Vielleicht musst du eine Weile experimentieren, bis du den richtigen Duft für dich findest, aber es lohnt sich auf jeden Fall.

64

Lerne, Erste Hilfe zu leisten, und werde zum Helden

Du fragst, inwiefern das Lernen von Erste-Hilfe-Maßnahmen glücklich machen soll? Ganz einfach: Stell dir vor, wie glücklich du dich schätzen kannst, wenn du in der Lage bist, jemandem das Leben zu retten! Du kannst dich darauf vorbereiten, indem du einige einfache Erste-Hilfe-Maßnahmen, die Herz-Lungen-Wiederbelebung und den Heimlich-Handgriff lernst. Entsprechende Kurse werden in vielen Städten vom Deutschen Roten Kreuz, kulturellen Einrichtungen sowie Krankenhäusern und Kliniken als Teil kommunaler Programme angeboten. Finde einen Kurs in deiner Nähe und nimm daran teil. Dann kannst du dein Wissen anwenden, wenn du Zeuge eines medizinischen Notfalls wirst. Durch schnelles Handeln rettest du unter Umständen sogar jemandem das Leben. Na, wenn das mal nicht etwas ist, über das du dich wirklich freuen kannst!

65

Koch etwas für Bello

Nichts macht dich glücklicher als die Liebe und Anerkennung deines Hundes. Sein vor Freude wedelnder Schwanz bringt dich zum Lächeln! Also behandle deinen besten Freund gut, indem du ihn gesund hältst. Mach ihm doch mal selbst ein paar gesunde, hausgemachte Leckerlis, anstatt welche zu kaufen. Suche im Internet nach Rezepten mit natürlichen Zutaten oder erfinde selbst welche (aber vergiss nicht, dich vorher zu informieren, was Hunde fressen dürfen und was nicht). Genau wie Menschen mögen Hunde Leckerlis, die gut schmecken. Denk dran, keine No-Gos wie Schokolade, Zwiebeln, Trauben, künstliche Zutaten oder Zusätze, von denen Hunde krank werden (oder sogar sterben!) zu verwenden. Zu wissen, dass dein Hund zufrieden und gesund ist, wird auch dich glücklich machen.

66

Versuche, das Gute in schlechten Erlebnissen zu sehen

Jeder von uns hat schon Reinfälle erlebt – manche häufiger als andere – aber in diesen Niederlagen steckt oft auch ein Quäntchen Erfolg. Auf den ersten Blick mag es schwer zu erkennen sein, aber es ist da. Frag dich selbst: »Was ist das Gute daran? Welche Lektion habe ich daraus gelernt? Wie kann ich mein Wissen mit anderen teilen?« Vergegenwärtige dir zwei oder drei Erfahrungen, die bis jetzt vielleicht total schrecklich für dich waren, und schreibe den Nutzen auf, den du aus ihnen gezogen hast. Alles von der positiven Seite zu betrachten ist eine sehr gute Angewohnheit – sie macht dich zu einem glücklicheren und mitfühlenderen Menschen.

67

Nimm dein Kissen mit auf Reisen

Schlafmangel vermiest vielen Leuten die Laune, also geh unterwegs auf Nummer sicher und nimm dein Lieblingskissen mit. Kissen lassen sich gewöhnlich ganz leicht in Reisetaschen verstauen und sind eine fantastische Versicherung gegen schlaflose Nächte. Reisen kann auf mehrere Arten kräftezehrend sein, zum Beispiel wegen des Jetlags, aber viel Schlaf schafft meistens Abhilfe. Häufig sind auf Geschäfts- oder Familienreisen die Kissen im Hotelzimmer, Zug oder auf dem Kreuzfahrtschiff nicht von allzu guter Qualität. Dann kannst du einfach mit der Gewissheit, dass du nur wenige Minuten später selig schlummern wirst, dein Lieblingskissen auspacken.

68

Gib zu, wenn du Mist gebaut hast

Zuzugeben, dass man einen Fehler gemacht hat, ist oft schwierig, besonders gegenüber Vorgesetzten im Job. Doch dadurch demonstrierst du Verantwortungsgefühl und die Bereitschaft, mal etwas auf deine Kappe zu nehmen. Indem du für eine Fehlentscheidung deinerseits oder deines Teams geradestehst, zeigst du den Abteilungsleitern und Chefs, dass du ein Mensch mit Werten und moralischen Prinzipien bist. Du fährst immer besser damit, wenn du Fehler offen zugibst und die Sache voranbringst, anstatt zu täuschen, lügen oder vertuschen. Denn die Konsequenzen können verhängnisvoll sein, wenn dir andere auf die Schliche kommen.

69

Gönn dir etwas Schönes

Ja es stimmt, Geld ausgeben macht glücklich – solange man sein Erspartes anstatt in Konsumgüter in Unternehmungen investiert. Gib dein hart verdientes Geld für schöne oder horizonterweiternde Aktivitäten wie etwa Konzerte, Urlaub, Ausflüge ins Kunstmuseum, Kochkurse, Yoga-Stunden oder Ausgehen mit Freunden aus. An Erlebnissen teilzuhaben sorgt erwiesenermaßen für längerfristige Glücksgefühle als der Erwerb von Dingen. Wenn du für andere Leute (beispielsweise Familie und Freunde) Geld ausgibst, macht dich das selbst ebenfalls glücklich. Außerdem unternimmst du so etwas und hast Spaß mit deinen Lieben. Der wirkliche Genuss von angenehmen Erfahrungen lässt dich das Leben voll auskosten und trainiert dein Gehirn darauf, höhere Stufen von Freude und Glück intensiver zu empfinden.

70

Schwelge häufiger in Vorfreude

Vorfreude ist oft schöner als das tatsächliche Erlebnis, besonders wenn das anstehende Ereignis auf jeden Fall angenehm sein wird, wie etwa ein romantisches Date oder Badeurlaub. Freude auf zukünftige Belohnungen aktiviert das Lustzentrum des Gehirns auf die gleiche Art wie die eigentliche Erfahrung. Überleg mal: Schon Stunden vor dem besonderen Date hast du Schmetterlinge im Bauch und grinst pausenlos. Das geschieht, weil das Gehirn alle angenehmen Situationen erkennt, die letztendlich zur Belohnung führen. Also träume von etwas, das in dir freudige Erwartungen weckt. Selbst wenn es ein Ding der Unmöglichkeit scheint, es tatsächlich geschehen zu lassen, stell dir alles bis ins kleinste Detail vor und genieße jedes Bild, das du dabei vor Augen hast. Denk dran: Durch die intensive Visualisierung wird das Gehirn oft überlistet zu glauben, es handle sich um ein wirklich stattfindendes Ereignis. Dann fühlt es sich beinahe so an, als sei es wahr.

71

Iss ein bisschen Truthahn

Fast alle Amerikaner lieben Thanksgiving, denn Truthahn essen sorgt dafür, dass Serotonin ausgeschüttet wird. Schließlich enthält er eine Menge Tryptophan; und eine Extraportion Tryptophan im Essen führt zu einer Extraportion Serotonin im Gehirn. Deshalb werden tryptophanhaltige Nahrungsergänzungsmittel unter anderem als Medikamente zur Behandlung von Schlafstörungen oder als Stimmungsaufheller verkauft. Hierzulande wird zwar wenig Truthahn gegessen, aber es gibt noch weitere Lebensmittel, in denen Tryptophan steckt, beispielsweise Rinderhack, Hüttenkäse, Hähnchenschenkel, Eierpunsch, Milch und Mandeln.

72

Grüße deine Mitmenschen

Achte auf die Leute um dich herum. Anstatt während einer längeren Fahrt im Aufzug schweigend neben fremden Menschen zu stehen, sieh ihnen in die Augen und grüße freundlich. Ein »Hallo« sagt sich ganz leicht, es ist nur ein einziges Wort. Und vielleicht ergibt sich daraus eine Plauderei über das Wetter, aktuelle Neuigkeiten aus deiner Stadt oder etwas in der Umgebung (zum Beispiel den Baustellenlärm nebenan). Das alles wirst du nie erfahren, wenn du den Mund nicht aufmachst. Aus den Fremden könnten neue Bekannte oder sogar potentielle Kandidaten für eine Beziehung werden!

73

Buch eine Massage für deine beste Freundin

Lass deine beste Freundin wissen, wie sehr du eure Freundschaft wertschätzt, indem du sie zu einem gemeinsamen Wellnessnachmittag im Day Spa einlädst. Spendier ihr ihre Lieblings-Entspannungsbehandlung oder eine Hot-Stone-Massage. Stell dir vor, wie gut sie sich fühlen wird, wenn ihr der Massagetherapeut warme Steine aus glattem Basalt auf den müden Rücken, die Schultern und Nackenmuskeln legt. Habt ihr gerade Streit? Das lässt sich durch einen Nachmittag im Day Spa alles wieder geradebiegen. Nur zu, buch den Termin! Investier ruhig mal ein bisschen Zeit und Geld in eure Freundschaft – eine glückliche Beziehung mit deiner besten Freundin ist schließlich jeden Cent wert.

74

Hab immer Bargeld dabei

Halte immer etwas Bargeld bereit, selbst wenn es nur eine kleine Summe ist. Das ist nicht nur sehr nützlich für Notfälle, es hat auch etwas Beruhigendes. Solange man Bargeld hat, ist man nie pleite oder hilflos. Es gibt dir ein Gefühl von Sicherheit und kann außerdem als mentaler Ansporn dienen. Stell dir vor, wie es weiteres Geld anzieht. Positive, hoffnungsvolle Gedanken und Träume bilden den Anfang. Ziele bringen dich ein Stück weiter und kreativer Einfallsreichtum und konkrete Bemühungen machen den Weg frei, damit der Geldstrom auf dein Konto fließen kann.

75

Dreh den Saft auf

Bei einer Krise legt der Körper den Turbogang ein und setzt Stresshormone frei, die in das Herz-Kreislauf-System strömen, um uns zu ermöglichen, mit dem Notfall fertig zu werden. Leider kann es den Zellen auch schaden, wenn sie von solchen Hormonen überflutet werden. Sogenannte Antioxidantien – natürliche chemische Verbindungen, die sehr nützlich sind und in bestimmten Nahrungsmitteln in hohen Konzentrationen vorkommen – fangen freie Radikale ein, welche als Nebenprodukt beim Sauerstoffverbrauch von Zellen entstehen. Antioxidantien können den durch freie Radikale entstehenden Schaden sowohl verhindern als auch reparieren. Benutze einen Entsafter oder presse von Hand Bio-Obst und -Gemüse aus, zum Beispiel Orangen, Limetten, Erdbeeren, Aprikosen, Pfirsiche, Cantaloupe-Melonen, Karotten und grünes Blattgemüse. Ebenfalls reich an Antioxidantien und sekundären Pflanzenstoffen sind Granatäpfel, dunkle Weintrauben und Preiselbeeren. Wenn du gerade unter Strom stehst, tut der frisch gepresste Saft besonders gut.

76

Hilf jemandem, der sich verlaufen hat

Nichts ist frustrierender (und manchmal auch beängstigender) als sich in einer neuen Stadt oder unbekannten Gegend zu verirren. Sei die Person, auf die du gerne treffen würdest, wenn du dich verlaufen hättest! Solltest du in einer dir wohlbekannten Gegend jemanden sehen, der verzweifelt versucht, einen Stadtplan zu verstehen, dann biete ihm deine Hilfe an und erkläre ihm den richtigen Weg. Schreibe ihm deine Wegbeschreibung auf und gib ihm genaue Auskunft über Entfernungen, Abzweigungen und wichtige Orientierungspunkte. Kommuniziere so klar wie möglich. Wer weiß? Vielleicht inspiriert deine Freundlichkeit genau diesen Reisenden, eines Tages jemandem auf die gleiche Weise zu helfen.

77

Gib ordentlich Trinkgeld

Niemand sammelt gern schmutzige, nasse Handtücher ein oder säubert Waschbecken und Duschen von Seifenresten, Bartstoppeln und Haaren. Reinigungskräfte und Zimmermädchen verdienen für ihre anstrengende Arbeit nicht nur sehr schlecht, sondern es bedankt sich auch selten jemand bei ihnen. Mit einem großzügigen Trinkgeld besserst du ihre Finanzen auf, und zeigst zudem, dass du ihre Arbeit wertschätzt. Plus: Du kannst mit dir selbst zufrieden sein, weil du jemandem den Tag versüßt hast.

78

Komm deinem Ziel durch Affirmationen näher

Was ist dein wichtigstes persönliches Ziel? Vielleicht abnehmen, weniger Geld ausgeben oder mehr verdienen? Egal, was es ist, formuliere eine Affirmation, um ihm näher zu kommen. Zum Beispiel: »Von heute an werde ich bei den Mahlzeiten ein Drittel weniger essen.« Oder: »Ab jetzt gehe ich jeden Tag eine halbe Stunde joggen.« Halte deine Affirmation kurz und prägnant. So ist es später einfacher, sie sich mindestens dreimal am Tag ins Bewusstsein zu rufen und sie zu wiederholen. Je konkreter die Affirmation ist, umso mehr wird sie dir beim Erreichen deines Ziels helfen.

79

Sei bei Meetings pünktlich

Obwohl Meetings in vielen Firmen langweilig und dröge zu sein scheinen, sagt es eine Menge über dich und deine Arbeitsethik aus, ob du pünktlich und vorbereitet bei ihnen auftauchst. Ist das der Fall, nehmen deine Kollegen es mit Wohlwollen zur Kenntnis, was natürlich das Arbeitsklima verbessert. Ob du nun die Besprechung leitest oder einfach nur an ihr teilnimmst, wenn von dir erwartet wird, dass du Input, Ideen oder Daten beisteuerst, bereite dich gut vor. Durch eine angemessene Vorbereitung und Pünktlichkeit demonstrierst du Zuverlässigkeit und Engagement. Sei anschließend stolz auf dich, weil du dir die Mühe gemacht hast.

80

Geh mit einer Freundin zum Yoga

Sport macht glücklich, aber manchmal muss man dazu erstmal den inneren Schweinhund überwinden. Eine Methode sich zu motivieren ist, gemeinsam mit anderen Sport zu machen. Also frag eine Freundin, ob sie deine Sportpartnerin sein will! Geht in der Mittagspause eine Runde walken, fahrt in einem nahegelegenen Park zusammen Fahrrad oder Inliner, besucht einen Aerobic-Kurs, geht gemeinsam schwimmen oder macht Yoga. Die Hauptsache ist, dass der Sport Spaß bringt. Er sollte sowohl ein Workout als auch ein soziales Event sein. Durch Lachen und Quatschen vergeht die Zeit viel schneller. Mit anderen zusammen sein stimuliert den Geist genauso wie Sport die Durchblutung fördert. Beides ist gut für dich und gehört bei einem gesunden Lebensstil dazu.

81

Überliste dein Gehirn zum Glück

Es gibt einen Weg, wie du dein Gehirn dazu »überlisten« kannst, eine glückliche Erfahrung nochmal zu durchleben, als würde sie sich *tatsächlich* erneut abspielen. Schließ einfach die Augen und stell dir ein vergangenes, glückliches Ereignis vor. Erinnere dich mit allen Sinnen, sodass es vor deinem geistigen Auge lebendig wird und du Glück und Vorfreude empfindest. Dann kehre langsam in die Gegenwart zurück, indem du deinen Körper wieder von den Fußsohlen bis zum Scheitel wahrnimmst. Atme tief durch und öffne langsam die Augen. Nun fühlst du dich erfrischt und glücklich und bist bereit, dich auf schöne Gedanken zu konzentrieren. Diese Methode bringt bereits existierende Neuronen auf Trab und stärkt neuronale Verbindungen, die mit der ursprünglichen Erinnerung zusammenhängen. So erlebst du quasi doppeltes Glück, und je mehr du dich an glückliche Zeiten erinnerst, desto positiver wird auch deine Lebenseinstellung.

82

Male die Orte, an die du reist

Wenn du dich gern künstlerisch betätigst (selbst wenn du nicht wirklich gut darin bist), nimm ein paar Farben mit in den nächsten Urlaub und male eine Szenerie irgendwann auf deiner Reise. Das Bild muss nicht besonders schön oder perfekt sein – schon allein die ruhige, stille Beschäftigung wird dich entspannen und zur inneren Mitte finden lassen. Und das Ganze hat noch einen zusätzlichen Vorteil: Wenn du von deinen Ausflügen in die Welt zurückkommst, wird es dich glücklich machen, dir die Bilder anzusehen und dich an die schöne Zeit zu erinnern, die du im Urlaub und an den besuchten Orten verbracht hast.

83

Überzeuge dich selbst, positiv zu sein

Vielleicht bist du gerade nervös wegen eines anstehenden Ereignisses und dein Hirn spult immer wieder all die Dinge ab, die dabei schiefgehen könnten. Anstatt dein Leben von einer Blockade aus negativen Gedanken bestimmen zu lassen, setze ihnen eine Reihe positiver Affirmationen entgegen. Nehmen wir etwa an, du bist angespannt, weil du zu einer Party eingeladen bist, bei der du niemanden außer dem Gastgeber kennst und dieser wahrscheinlich sehr beschäftigt sein wird. Dann wiederhole an den Tagen vor der Party täglich fünfzig Mal (fünf Mal pro Tag zehn Wiederholungen) einen positiven Satz wie »Ich werde entspannt und gesellig sein und viel Spaß haben.« Das schafft in deinem Geist eine Erwartung, die dein Gehirn gerne erfüllen wird.

84

Werde Tiersitter

Tierkot aufsammeln wirkt vielleicht auf den ersten Blick nicht gerade wie der Weg zum Glück. Aber einem Bekannten und seinem pelzigen, gefiederten oder schuppigen Freund zu helfen schon. Außerdem ist auf Tiere aufpassen eine tolle Möglichkeit, herauszufinden, ob man selbst gern eins hätte. Am besten versorgst du das Tier in seiner eigenen Umgebung anstatt bei dir zu Hause – ein Welpe, der gerne auf Gegenständen herumkaut, könnte sonst etwa deinen Lieblingsbüchern oder -schuhen ziemlich zusetzen. Durch Tiersitting lernt man eine Menge. So stellst du möglicherweise fest, dass Meerschweinchen wegen ihrer Nachtaktivität nicht die idealen Haustiere für dich sind. Leguane findest du dagegen vielleicht nicht aktiv genug und Papageien zu besitzergreifend und gesprächig. Aber wenn du dich gut mit dem Tier deines Bekannten verstehst, macht dir seine Betreuung höchstwahrscheinlich viel Spaß. Entdecke, was Tierbesitzern schon lange klar ist: Haustiere bringen eine Menge Freude und Glück in dein Leben!

85

Veranstalte eine Oscar-Party

Brauchst du einen Anlass, um der Monotonie der tristen Wintertage zu entfliehen? Dann bring dich in Feierlaune und gib eine Oscar-Party! Laut Cineasten waren die großen Zeiten des Hollywood-Kinos die Dreißiger- und Vierzigerjahre. Also bitte deine Gäste, in einem Kleidungsstil zu erscheinen, der diese goldenen Jahrzehnte widerspiegelt. Biete Häppchen und Drinks an und gib Karten herum, auf denen deine Freunde ihre Nominierten in den Kategorien »bester Schauspieler«, »beste Schauspielerin«, »bestes Drehbuch«, »bester Film« etc. eintragen können und dann genießt zusammen die Oscarverleihungen und jubelt euren Stars zu.

86

Meditiere ein bisschen

Bist du gerade erschöpft, überfordert und unglücklich? Dann probier eine kleine Meditationsübung aus, um zur Ruhe zu kommen: Unterbreche, was auch immer du gerade tust, schließe die Augen und konzentriere dich solange auf deinen Atem, bis dein Verstand sich beruhigt. Lass aufkommende Gedanken vorbeiziehen, indem du sanft deine Aufmerksamkeit wieder auf das Ein- und Ausatmen richtest und ausblendest, was um dich herum passiert. Tu das fünfzehn Minuten lang (oder beginne mit fünf und arbeite dich langsam zu fünfzehn vor). Mit etwas Übung wirst du bald jegliche Art von Unruhe, die dich ablenkt, besänftigen können. Diese Meditation ist eine gute Methode, um zurück in die eigene Mitte zu finden und sich zu entspannen.

87

Zeig es den Politikern

Bist du unzufrieden mit den Politikern? Hoffst du auf Veränderung und hast eine andere Vision von deinem Land und dem Rest der Welt? Mahatma Gandhi gab den Menschen einst den Rat, selbst die Veränderung zu sein, die sie auf dieser Erde sehen wollen. Das heißt für dich: Fernseher aus, runter vom Sofa, raus in die Welt und etwas tun, das sie besser macht. Schließ dich anderen an, die deine Leidenschaft teilen und ebenfalls durch politische Aktionen ein zielgerichteteres Leben und eine sinnvollere Zukunft herbeiführen wollen. Darauf hinzuarbeiten, ist ein wichtiger Schritt zum Glück.

88

Halte deine Versprechen

Indem man seine Versprechen hält, verbreitet man Glück. Genauso wie du selbst jemandem vertraust, der zu seinem Wort steht, vertraut man dir ebenfalls, wenn du deine Versprechen hältst. Im Zeitalter der Meinungsmache, wo Fakten nach Belieben verändert werden, um Leute in die Irre zu führen und bestimmte Weltanschauungen zu propagieren, solltest du immer bei der Wahrheit bleiben und das tun, was du versprochen hast. Ganz klar, Gefühle, Gedanken, Überzeugungen und Gesagtes so in Einklang miteinander zu bringen, dass niemand deine Aufrichtigkeit und Integrität in Frage stellt, ist nicht immer leicht. Aber es bringt dich auf den richtigen Weg, wenn du eine vertrauenswürdige Person werden willst, auf die sich andere verlassen können.

89

Inspiriere jemanden

Deine eigenen Erfahrungen können anderen dabei helfen, Erfolge zu erzielen! Außerdem kannst du jemanden dazu inspirieren, mehr an sich zu glauben, schlimme Zeiten zu überwinden oder einfach nicht ganz so deprimiert zu sein, wenn es ihm schlecht geht. Indem du jemanden tröstest, der sich verloren, alleine oder traurig fühlt, verbreitest du Glück. Du unterstützt den anderen dabei, die negative Energie in seinem Leben durch positive zu ersetzen. Erzählst du einem Menschen, der die Hoffnung verloren hat, von deinen Erfahrungen, so kann er dadurch möglicherweise nach Lösungen für seine Probleme suchen, eine neue Bedeutung für sein Leben finden und es wieder unter Kontrolle bringen. Hilf mit deinen Erlebnissen anderen, ihre eigenen Fähigkeiten wertzuschätzen.

90

Mach die Welt ein bisschen besser

Überleg dir drei Dinge, die du tun kannst und die kein Geld kosten, von denen aber sowohl die Leute um dich herum als auch der Rest der Welt profitieren werden. Zum Beispiel auf deinem täglichen Weg den Müll aufsammeln, ein oder zwei Bäume pflanzen, deinen Abfall trennen, wenn du das nicht sowieso schon tust. Einer Mutter mit einem Baby im Kinderwagen die Tür aufhalten oder einem Bauarbeiter oder Dachdecker eine kalte Flasche Wasser geben, während er seiner schweißtreibenden Arbeit nachgeht. Setze so viele weltverbessernde Ideen wie möglich in die Tat um. Zu wissen, dass die Welt durch die eigenen selbstlosen Gesten wirklich ein Stückchen besser wird, macht glücklich!

91

Entdecke die Wunder des Lebens

Um dich herum spielen sich pausenlos unglaubliche Dinge ab! Nimm dir einen Moment Zeit, um die Wunder des Lebens zu entdecken: Bestaune zum Beispiel das schimmernde Licht auf den Tautropfen, die ein kunstvolles Spinnennetz bedecken. Nimm den Duft von Flieder nach einem starken Regen wahr. Beobachte die Adler bei ihrem majestätischen Flug über die Felder. Genieß den Geschmack einer frisch aufgeschnittenen Wassermelone. Betrachte das Muster, das ein auf dem Pflaster klebender Kaugummi bildet. Bewundere die kräftigen Farben einer Pfauenfeder. Oder höre dem Zischen eines Marshmallows zu, das über dem prasselnden Feuer geröstet wird. Solche Details des Lebens wahrzunehmen regt die Fantasie und die natürliche Neugier auf die Welt an.

92

Lass dich stechen

Bei der Akupunktur, einer Behandlungsmethode aus der traditionellen chinesischen Medizin, werden an unterschiedlichen Körperpunkten feine Nadeln in die Haut gestochen, um den Energiefluss (Qi) im Körper ins Gleichgewicht zu bringen. Egal, ob man tatsächlich an die Existenz des Qi glaubt oder nicht, Akupunktur kann helfen, sich gesünder und glücklicher zu fühlen. Wissenschaftler fanden heraus, dass Menschen mit Depressionen, Ängsten, Schlafstörungen und anderen Problemen von Akupunktur profitieren. Einige von ihnen sind der Meinung, dass das Gehirn als Reaktion auf die Nadeln Neurotransmitter (»Glückssaft«) freisetzt, aber über die Wirkungsweise von Akupunktur sind sich nicht alle einig. Bei einer anderen Studie hatte die Testgruppe, die gerade mit Akupunktur behandelt worden war, anschließend weniger Ängste und eine bessere Erinnerungsfähigkeit als die Kontrollgruppe ohne Akupunktur. Außerdem wirkt die Methode bei Stimmungsschwankungen im Gegensatz zu Medikamenten und Psychotherapie sofort und hat zudem (außer dem lästigen Pieksen, wenn die Nadel in die Haut gesteckt wird) kaum Nebenwirkungen. Dennoch gehört sie nicht zu den Behandlungen, die du einfach so zu Hause anwenden kannst. Geh dazu besser zu einem Arzt oder Heilpraktiker.

93

Bleib mit Urlaubsbekanntschaften in Kontakt

Nichts weckt so viele Urlaubserinnerungen, wie Post von Reisebekanntschaften zu bekommen. Wenn sie jedoch nach deiner Abreise nicht wissen, wie sie dich kontaktieren können, bekommst du auch das Kunstwerk, die Postkarten oder die Briefe nicht, die sie versprochen haben, dir zu schicken. Also vergiss nicht, mit den neuen Freunden, die du unterwegs kennenlernst, Adressen auszutauschen (sowohl Post- als auch E-Mail-Adresse). Jedes Mal, wenn sie dir schreiben, wirst du in schönen Urlaubserinnerungen schwelgen. Mit etwas Glück laden sie dich vielleicht sogar zu sich ein!

94

Werde Nichtraucher

Möchtest du gesünder, glücklicher und sogar ein bisschen reicher sein? Dann hör auf zu rauchen! Damit gewinnst du nicht nur Lebenszeit, sondern sparst auch noch Geld – wenn du gewöhnlich drei Schachteln am Tag qualmst, sind es tausende von Euros pro Jahr. Außerdem kann Nikotinsucht verheerende Auswirkungen auf die Gesundheit haben. Als Nichtraucher hast du eine höhere Lebenserwartung und bist außerdem zufriedener mit dir und deinem Leben. Falls du schon versucht hast aufzuhören und es nicht funktioniert hat, gib nicht auf! Viele Raucher brauchen mehrere Versuche, bevor sie ihrer Sucht endgültig ein Ende setzen können. Methoden dafür gibt es viele. Wenn es aber einfach nicht klappen will, sprich mit deinem Hausarzt über mögliche Hilfestellungen.

95

Finde neue Einnahmequellen

Vielleicht gehörst du ja zu den Bastlern, die sich gerne mit Perlenstickerei beschäftigen oder beim abendlichen Fernsehen Ohrringe, Gürtelschnallen oder Buttons herstellen. Oder vielleicht hast du auch eine Vorliebe für Sport-Fanartikel und brütest in deiner Freizeit oft über deiner Sammlung. Ganz egal, was dein Interesse, Hobby oder deine Leidenschaft ist, denk darüber nach, wie du damit Geld verdienen könntest. Kannst du etwas herstellen, was sich auf Kunstmärkten oder Weinfesten in deiner Nähe, bei *eBay*, *Etsy* oder in Galerien verkaufen ließe, die Kunsthandwerk aus der Region ausstellen? Überlege dir Wege, um aus deinen Kenntnissen, Neigungen und Fertigkeiten Einnahmen zu erzielen. Natürlich musst du das Ganze vielleicht erst lernen, aber letztendlich wirst du froh über das zusätzlich reinkommende Geld sein.

96

Bitte um eine Beförderung

Im Arbeitsleben gelobt zu werden ist etwas, das fast jeden glücklich macht. Und was könnte ein besseres Zeichen der Anerkennung für gute Leistungen sein als eine Beförderung? Du weißt, warum du befördert werden solltest, aber vielleicht bestimmt auch das Timing, ob es tatsächlich passiert. Gibt es ein noch wichtiges Projekt, das in trockenen Tüchern sein muss, bevor es klug ist, nach einer Beförderung zu fragen? Muss erst jemand die Firma verlassen, bevor du seine Position übernehmen kannst? Entscheide, wann der beste Zeitpunkt dafür ist, dann streich dir das Datum im Kalender an und schau jeden Tag darauf. Mach dir bewusst, dass der Termin näher rückt und du dich vorbereiten musst. Und wenn es dann soweit ist, auf geht's!

97

Gratuliere anderen zum Geburtstag

Manchmal sind es die kleinen Dinge, mit denen man sich wirklich als aufmerksamer Mensch erweist und anderen den Tag versüßt, wie zum Beispiel jemandem zum Geburtstag zu gratulieren. Habe die Geburtstage von Freunden und Kollegen immer auf dem Schirm. Den meisten bedeutet es viel, wenn man an ihren besonderen Tag denkt – du wirst überrascht sein, wie glücklich ein »Alles Gute zum Geburtstag« sie macht. Das Wichtige daran ist nicht, den Leuten eine Karte oder einen Kuchen mitzubringen. Vielmehr zählt, dass du dir die Mühe gemacht hast, dir ihren Geburtstag zu merken, und ihn gemeinsam mit ihnen feierst. An Geburtstagen ein bisschen Feierlaune zu verbreiten tut der Stimmung anderer wahnsinnig gut … und du wirst merken, dass es dich selbst auch glücklich macht.

98

Werde Pate oder Mentor eines Kindes

Wenn du gerne junge Leute um dich und Zeit hast, als Mentor oder Pate ein Kind zu begleiten, dann wende dich an Organisationen wie zum Beispiel *Kinderhelden* (www.kinderhelden.info) oder schau dir die *Aktion zusammen wachsen* (www.aktion-zusammen-wachsen.de) an. Die Erfahrung zeigt, dass erwachsene Ehrenamtler einen positiven und langfristigen Einfluss auf das Leben der betreuten Kinder ausüben. So haben viele der jungen Menschen, die an einem solchen Mentorenprogramm teilnehmen, stabilere familiäre Beziehungen sowie bessere Schulnoten, schwänzen seltener den Unterricht und konsumieren weniger Drogen oder Alkohol. Als Mentor eines jungen Menschen erhöhst du dessen Chancen auf einen guten Bildungsabschluss, was nicht nur für euch beide, sondern auch für die Leute in seinem Umfeld ein Grund zur Freude sein wird.

99

Plane deinen Traumurlaub

Vorfreude macht oft fast genauso glücklich wie das tatsächliche Ereignis. Also fang jetzt schon an, deinen Traumurlaub zu planen! Selbst wenn du momentan nicht das Geld für die Reise hast, denk über alle Einzelheiten nach. Du wirst sehen, das macht Laune! Vielleicht wolltest du schon immer im Himalaya Berge erklimmen oder durch einen Regenwald wandern. Ganz egal, was dein Wunschreiseziel ist, fang an, die verschiedenen Aspekte der Reise zu recherchieren, und stelle einen Plan auf, wie sich der Traum verwirklichen lässt.

100

Veranstalte ein Sommer-Straßenfest

Ein schönes Sommerwochenende bietet immer Grund zum Feiern, also warum organisierst du nicht mal ein Straßenfest? Locke deine Nachbarn zum Grillen und Kontakte knüpfen aus ihren Wohnungen und Häusern. Wenn ihr weit genug vorausplant, bittet die örtliche Polizei um Erlaubnis, eure Straße an diesem Tag für Verkehr zu sperren. Veranstaltet einen Backwettbewerb oder plant an beiden Straßenenden Spiele für verschiedene Altersgruppen und stellt in der Mitte Grills und Gartenmöbel auf. Das wird ein unvergesslicher Tag! Macht dabei möglichst viele Fotos, damit sie noch Jahre später schöne Erinnerungen wecken.

101

Nimm an Spendenaktionen teil

Nichts fühlt sich so gut an, wie etwas für wohltätige Zwecke zu tun. Hilf deiner Kirche, Schule oder einem Verein, sich zu finanzieren, indem du an Spendenaktionen teilnimmst. Der Erfolg solcher Wohltätigkeitsveranstaltungen hängt – zumindest teilweise – von der Notwendigkeit der Spenden ab und von Anerkennungsprogrammen für Spender, die ein Zugehörigkeitsgefühl vermitteln. Spendenaktionen in Schulen funktionieren am besten, wenn die Betonung auf dem »Spaß« am Geldsammeln liegt. Man könnte beispielsweise zur jeweiligen Jahreszeit passende Veranstaltungen planen, einen Saft-, Essens- und Kuchenverkauf organisieren oder einen Spendenlauf ins Leben rufen. Bei kirchlichen Wohltätigkeitsveranstaltungen gibt es ebenfalls oft Kuchen, außerdem Hand- und Bastelarbeiten, Bingo oder eine Tombola. Verdiene etwas Geld für deine Schule oder Kirche und verbreite die Idee, dass anderen zu helfen alle Beteiligten glücklich macht.

102

Brich nicht alle Brücken hinter dir ab

Das alte englische Sprichwort, das besagt, man solle nie alle Brücken hinter sich abbrechen, weil man sie vielleicht eines Tages wieder überqueren muss, gilt auch für die Karriere: Es ist für dich nicht von Vorteil, Arbeitsbeziehungen zu gefährden oder zu zerstören. Du weißt nie, wann du diesen Menschen wieder begegnest und mit ihnen zusammenarbeiten musst. Wenn ihr zumindest einigermaßen miteinander klarkommt und euch gegenseitig respektiert, wird es viel leichter, wieder eine gut funktionierende Beziehung aufzubauen. Bleib daher optimistisch und versuche, deine beruflichen Kontakte aufrechtzuerhalten – so bist du glücklicher und hast die Gewissheit, etwas Wichtiges für den guten weiteren Verlauf deiner Karriere zu tun.

103

Mach Mannschaftssport

Werde aktiv! Dadurch fühlst du dich wohler. Wenn du Sport lieber zusammen mit anderen als alleine machst, dann schließe dich einer Softball- oder Bowlingmannschaft an oder gründe mit Freunden oder Arbeitskollegen selbst eine. Beim Mannschaftssport hast du Spaß mit deinen Mitspielern und kannst gleichzeitig neue Freunde im andern Team finden. Psychologen sagen, dass Menschen, die ein isoliertes Leben ohne viele Kontakte führen, weniger glücklich sind als diejenigen, die ein gut funktionierendes soziales Netzwerk haben und stets von Familie und Freunden unterstützt werden.

104

Erfinde etwas

Fangen deine grauen Zellen sofort an zu arbeiten, wenn du etwas Neues siehst? Hast du gleich eine Idee, wie man es praktischer und leistungsstärker gestalten könnte? Findest du gerne heraus, wie Dinge funktionieren, oder bastelst an innovativen Problemlösungen? Dann besitzt du vielleicht Erfindergeist, etwas, das alle kreativen Menschen gemeinsam haben. Tüftle an deinem Produkt herum, mach dir Zeichnungen oder Notizen dazu oder gib ihm einen originellen Namen – das alles macht glücklich. Verbessere Dinge, die es schon gibt, oder erfinde etwas völlig Neues. Vielleicht entdeckst du eine Marktlücke: ein Produkt, das dringend gebraucht wird, aber noch nicht existiert. Wer weiß? Möglicherweise wird aus deiner Idee die nächste wichtige Erfindung, um die sich alle reißen.

105

Besuch einen Wochenmarkt

Wenn du mal wieder einkaufen gehen musst und es in deiner Nachbarschaft einen Wochenmarkt gibt, dann schnapp dir ein paar Stoffbeutel oder den Einkaufstrolley und marschier los. Da du die vollen Taschen anschließend auch nach Hause schleppen musst, kauf nur so viel ein, wie du tragen kannst, mit anderen Worten, nur das, was du brauchst und was in deine Taschen passt. Mit Einkäufen beladen zu laufen bedeutet, dass du viel mehr Kalorien verbrennst als wenn du mit dem Auto zum Supermarkt fährst. Außerdem ist zu Fuß gehen besser für die Umwelt. Zudem bekommst du so Produkte aus deiner Region, die frischer und gesünder sind, als die aus einem normalen Supermarkt. Wenn das kein Grund ist, sich gut zu fühlen!

106

Delegiere

Ist eine Arbeit oder ein Projekt zu anstrengend für ein einzelnes Gehirn oder nur ein Paar Hände, dann wird es Zeit zu delegieren. Falls du kein Chef bist und Arbeit verteilen somit nicht zu deinen Aufgaben gehört, sprich mit deinem Vorgesetzten darüber. Laut Lexikon bedeutet »delegieren« »jemandem etwas anvertrauen oder übertragen«. Ist man weniger ausgelastet, kann man sich intensiver mit den unterschiedlichen Aspekten einer Tätigkeit befassen. Das heißt, man macht seine Arbeit dann höchstwahrscheinlich besser, als wenn man überfordert ist. Überleg dir drei Aufgaben, die du leicht an eine andere Person (jemanden, der dafür genauso qualifiziert ist) abgeben könntest, und lass sie loslegen. Vertrau deinen Delegierten und gib ihnen Zeit, sich einzuarbeiten. Letztendlich werden alle davon profitieren.

107

Finde einen Freund an deinem Arbeitsplatz

Sollte es in deiner Firma oder bei deiner Arbeit jemanden geben, dem du vertraust und mit dem du in puncto Arbeitsethik und Integrität auf einer Wellenlänge bist, könnte es deinen beruflichen Ziele zugutekommen, dich mit ihm zu verbünden. Besonders, wenn es sich bei der Person um einen Vorgesetzten oder um jemanden handelt, der schon weiter oben auf der Karriereleiter ist als du. Mit einem Verbündeten bist du nicht so alleine, wenn es gilt, Bürointrigen zu umschiffen, Probleme zu lösen und mit schwierigen Kollegen klarzukommen. So jemand kann als Resonanzboden für neue Ideen dienen, dir an Tagen voller schwieriger Herausforderungen Mut machen und dich aufmuntern, wenn du Motivation brauchst.

108

Hör dir Hörbücher an

Wie kann ein Hörbuch glücklich machen? Indem es dich davon abhält, andere Dinge zu tun. Überleg mal, was du normalerweise tust, während du zur Arbeit fährst. Hängst du am Handy? Wälzt du Probleme? Fluchst du über die lange Autoschlange vor dir oder den Typen, der dir gerade die Vorfahrt genommen hat? Tu stattdessen etwas Produktives, während du im Stau stehst: Hör dir Hörbücher an. Kauf dir ein paar Bücher über deine Branche oder deine Freizeitinteressen – vielleicht gibt es ein Thema, das dich beruflich interessiert, oder eine neue Sprache, die du gern lernen würdest. Du bist zweimal pro Tag unterwegs, anstatt also diese ganze Zeit zu verschwenden, gestalte sie so, dass es sich möglicherweise irgendwann auszahlt. So freust du dich vielleicht ab jetzt sogar auf den Weg zur Arbeit!

109

Geh in die Sauna

Zeit in der Sauna oder einem Dampfbad zu verbringen ist gesund. Warum? Schwitzen schwemmt Giftstoffe aus dem Körper und bringt den Kreislauf in Schwung. Außerdem wird dabei überschüssiges Natrium abgebaut, verkrampfte oder schmerzende Muskeln entspannen sich und man kann sich so richtig erholen. Aber geh nur in die Sauna, wenn du gesund bist. Lass dich gegebenenfalls vorher von einem Arzt untersuchen. Außerdem ist es wichtig, danach viel Wasser zu trinken, um den durch das Schwitzen verursachten Flüssigkeitsverlust auszugleichen.

110

Koche ein Familiengericht

Stärke deine familiären Bindungen und die Familienidentität, indem du deine Verwandten zusammentrommelst. Veranstaltet ein Treffen oder eine kleine Feier und kocht dabei ein besonderes Gericht, das von früheren Generationen überliefert ist. Dann, bevor das Fest vorbei ist, sorge dafür, dass alle Familienmitglieder eine Kopie des begehrten Rezepts erhalten. Ermuntere sie, es auch an andere Verwandte weiterzugeben. Deine Bemühungen schaffen eine greifbare Verbindung zur Vergangenheit, laden zum Feiern eurer gemeinsamen Identität ein, rufen Erinnerungen wach und fördern das Gemeinschaftsgefühl. Die geliebten Verwandten, welche (vielleicht schon vor Jahrhunderten) dieses Gericht erfunden haben, mögen seit langem tot sein, aber du kannst ihnen gedenken, wann immer du es zubereitest.

111

Mach eine Stadtrundfahrt

Wenn du nur für ein paar Tage in einer Stadt bist, mach eine Stadtrundfahrt im Bus und lass dir von einem Touristenführer die Sehenswürdigkeiten zeigen und erklären. Diese Art Informationen über Stadtviertel oder Gebäude helfen dir zu entscheiden, welche davon du dir genauer ansehen willst und welche dich weniger interessieren – so verschwendest du keine wertvolle Urlaubszeit damit, herumzulaufen und nach interessanten Orten zu suchen, sondern kannst sie direkt ansteuern und dich an ihnen erfreuen.

112

Locke Menschen an, die du um dich haben willst

Sind dir in einer Freundschaft oder Beziehung Loyalität und Vertrauen wichtig, dann pflege diese Qualitäten auch bei dir selbst und zeige sie anderen. Dadurch wirst du zum Magneten für genau das, was du möchtest. Genauso solltest du, wenn du dir als Partner eine sanfte, liebevolle Person wünschst, Leute meiden, die launisch, leicht reizbar oder sehr temperamentvoll sind. Denn obwohl sich manchmal Gegensätze anziehen, wirst du wahrscheinlich mit einer verwandten Seele am glücklichsten sein.

113

Räum jeden Tag deinen Schreibtisch auf

Experten für Zeitmanagement sagen, dass ein aufgeräumter Schreibtisch aus mehreren Gründen wichtig ist: Erstens arbeitet man effizienter, wenn man immer weiß, wo Dokumente und Büromaterial sich befinden, anstatt erst ganze Papier- oder Aktenstapel danach durchforsten zu müssen. Und zweitens signalisiert ein sauberer Schreibtisch Kollegen und Kunden, dass man eine gut organisierte Person mit effizienten und effektiven Arbeitsgewohnheiten ist. Das schafft Vertrauen! Also besorg dir das Zubehör, das du brauchst: Mülltüten, Karteikästen, Aktenordner, Hängeregister, Etiketten, Ablagen usw. Und dann an die Arbeit. Füg dich in die Reihen der glücklichen und strukturierten Arbeitnehmer ein.

114

Arbeite ehrenamtlich in einem Tierheim

Tieren zu helfen, die nicht selbst für sich sorgen können, kann dem eigenen Leben einen Sinn geben. Viele Heime suchen Freiwillige für die Pflege und Betreuung der dort lebenden Tiere. Selbst wenn du keine Zeit hast, ehrenamtlich mitzuarbeiten, kannst du Geld oder Artikel spenden, die auf den Wunschlisten der Tierheime stehen. Oft werden ganz simple Dinge wie Erdnussbutter, Plastiktüten, Handtücher, Transportboxen (in allen Größen für alle möglichen Haustierarten) und gutes Dosenfutter für Hunde und Katzen benötigt. Finde heraus, woran Bedarf besteht, und bringe die entsprechenden Sachen vorbei. Die positiven Gefühle, die dadurch in dir geweckt werden, sind nur für dich.

115

Mach Wassersport

Es gibt nichts Schöneres, als an einem heißen Sommertag im Wasser zu sein. Ganz egal, ob man schwimmt, schnorchelt, surft, taucht oder Wasserski, Kajak oder Kanu fährt, es macht viel Spaß! Also kauf dir ein Badeoutfit und hüpf zusammen mit deinen Lieben ins Wasser. Natürlich solltest du zum Schutz vor schädlicher UV-Strahlung die passende Sonnencreme verwenden, einen breitkrempigen Hut tragen, der Gesicht und Hals Schatten spendet, und die heißesten Tageszeiten (wenn die Sonne besonders hoch steht) meiden. Trink außerdem viel Wasser, um den Flüssigkeitsverlust durch das Schwitzen bei dem ganzen Sport wieder auszugleichen. Auf geht's, viel Vergnügen!

116

Bring deinem Nachbarn Essen vorbei

Damals, als es noch keine Computer gab, wurden Freundschaften auf die altmodische Art geschlossen: persönlich. Man bereitete einen Braten oder die bevorzugte Hausmannskost zu, ging damit beim Nachbarn vorbei und stellte sich vor. Warum setzt du nicht einfach diese Tradition fort? Bring einem neuen Nachbarn etwas zu essen, um ihn im Haus oder in der Nachbarschaft willkommen zu heißen. Es muss nichts Ausgefallenes sein – ein Kirsch- oder Schokoladenkuchen, ein Laib Brot oder der klassische Braten sind ganz einfach zu machen und schmecken lecker. Nicht wirklich ein Fan vom Kochen? Kaffee und etwas Süßes von deinem Lieblingsbäcker tun es auch. So gewinnst du vielleicht neue Freunde! Zumindest stellst du dich auf diese Weise mit den Leuten gut, die du täglich siehst.

117

Gestalte Glückskarten

Bastle selbstgemachte Karten für Geburtstage, Jubiläen, Verlobungen, Taufen und andere Anlässe. Im Bastelladen gibt es unbedruckte Karten und Umschläge, die du mithilfe von Wasser- oder Temperafarbe mit individuellen Bildern oder Schriftzügen verzieren kannst. Oder designe die Karten am PC und druck sie auf Cardstock-Papier. Auf deine einzigartigen Karten kannst du liebevolle passende Botschaften schreiben und natürlich auch, dass du ihren Empfängern unendlich viel Glück wünschst.

118

Zieh dir etwas Verführerisches an

Bei manchen Partys sollte man die Gästeliste ganz kurz halten – sagen wir, nur zwei Leute. Der Geburtstag von deinem Schatz kann eine Gelegenheit sein, dich ihm von einer neuen Seite zu zeigen. Du musst nicht wie ein Unterwäschemodel aussehen, aber wenn du mal etwas anziehst, das ein bisschen verführerischer ist als deine Alltagskleidung, habt ihr bestimmt beide Spaß daran. Also koch etwas Besonderes, deck den Tisch für zwei und dann schmeiß dich in Schale und warte, dass dein Partner von der Arbeit nach Hause kommt. So entdeckt ihr zusammen wieder, wie aufregend eine Geburtstagsparty sein kann!

119

Spiele einmal pro Woche Karten

Glücksexperten fanden heraus, dass ein gut funktionierendes soziales Netzwerk für ein zufriedenes Leben unverzichtbar ist. Menschen sind dafür gemacht, andere zu lieben! Die Beziehungen zu unseren Lebenspartnern, Familie und Freunden machen uns glücklich und geben unserem Dasein einen Sinn. Mit einer Gruppe von Freunden regelmäßig etwas zu unternehmen ist ein sicherer Weg zum Glück, also pack deine Karten aus, lade ein paar Leute zu dir ein und spiel mit ihnen eure Lieblingsspiele. Ihr müsst nicht um Geld spielen – einfach Zeit mit essen, trinken und Karten spielen (und einem kleinen freundschaftlichen Wettkampf) zu verbringen, macht auch so sehr viel Spaß.

120

Bring einen Toast auf das glückliche Paar aus

Denk dran: Buddha sagt, dass Glück entsteht, wenn deine Worte und Taten sowohl dir, als auch anderen zugutekommen. Formuliere zu Ehren eines frischverheirateten Paares in deinem Freundeskreis eine fantasievolle, individuelle Ansprache. Egal, ob du nun einen Toast ausbringen oder eine kurze Rede für einen Junggesellenabschied oder eine Hochzeitsfeier schreiben willst, sorg dafür, dass der Tenor dabei immer ist, dass du den beiden ein Leben voller Glück wünschst.

121

Mach Sport im Park

Wenn du Laufen, Joggen oder Gymnastik gut findest, dann tu es doch im Freien. Schließ dich etwa einer Gruppe Leute an, die sich in einem nahegelegenen Park zum gemeinsamen Tai Chi, Qigong oder Yoga treffen. Ärzte sagen, dass der beste Sport der ist, den man gern genug treibt, um ihn regelmäßig zu machen. Solltest du gerne beim Sport Kontakte knüpfen, triff dich mit Freunden auf einem Bolzplatz, Trimm-dich-Parcour oder im Park. Atme die frische Luft ein, lass den schönen Anblick und die Klänge der Natur auf dich wirken und genieß beim Trainieren die Gesellschaft der anderen.

122

Faste (ganz recht – iss nichts)

Beim Fasten verwendet der Körper seine Energie dafür, sich zu reinigen. Viele Leute glauben, dass es leistungsfähiger macht und außerdem die Fähigkeit, klar zu denken, das Wohlbefinden sowie die Zufriedenheit fördert. Es gibt viele Arten des Fastens, bei manchen verzichtet man komplett auf Nahrung, bei anderen nimmt man nur bestimmte Lebensmittel oder Säfte zu sich. Die Kur kann ein paar Stunden, einen Tag oder länger dauern. Menschen, die fasten, trinken normalerweise Wasser oder Saft, um den Körper ausreichend mit Flüssigkeit zu versorgen. Viele schwere Krankheiten kommen von Übergewicht oder einer Ernährung mit hohen Anteilen von industriell verarbeiteten Lebensmitteln, Zucker und anderen wenig nährstoffhaltigen Zutaten. Also mach doch mal eine Fastenkur, um dich zu entgiften und zu regenerieren. Bevor du loslegst, solltest du allerdings mit deinem Hausarzt besprechen, ob das eine gute Idee ist.

123

Vermeide Giftstoffe

Glück ist eng mit einer guten Gesundheit verbunden, und ein wichtiger Aspekt davon ist, die Belastung durch verschiedene Giftstoffe zu vermeiden. Lies und befolge die Sicherheitsanweisungen auf allen Produkten, die Gift- oder krebserregende Stoffe enthalten, auch bei denen für deinen Garten oder Rasen. Anstatt Chemikalien zu sprühen, kannst du auch schädlingsresistente Pflanzen setzen, befallene Blätter ausreißen (und sie vorsichtig entsorgen), wuchernde Unkraut jäten, bevor es sich überall ausbreitet, und für einen gesunden Boden Komposterde und Rindenmulch verwenden. Außerdem eignen sich zur Bekämpfung von lästigen Pflanzenschädlingen auch weniger giftige Produkten wie Seifen und Sprühemulsionen.

124

Werde Mitglied bei einer Umweltorganisation

In der heutigen Zeit wird die Umwelt durch viele Faktoren massiv belastet. Mach dein Leben bedeutungsvoller, indem du gemeinsam mit anderen etwas für sie tust. Manche Aufgaben können nur gemeistert werden, wenn man sie zusammen mit Gleichgesinnten in Organisationen wie Greenpeace oder dem BUND angeht. Wenn du dich einer Gruppe von Leuten anschließt, die dieselben Ansichten und Ziele haben, tust du vielleicht Dinge, die du auf dich allein gestellt nie für möglich gehalten hättest. Außerdem liegt in der Redensart »Gemeinsam sind wir stark« viel Wahrheit: Denn während es eine Einzelperson niemals schaffen wird, einen Regenwald zu retten, können Tausende oder Millionen von Menschen, die sich dafür zusammentun, das sehr wohl.

125

Spiel Tennis

Tennis ist ein toller Sport! Ob man nun acht oder achtzig ist, er eignet sich für (fast) jeden. Lerne jetzt zu spielen und du wirst ein Leben lang daran Freude haben. Plus: Es handelt sich um einen sozialen Sport, den man mindestens zu zweit spielt (bei Doppeln sogar zu viert). Beim Tennis kann man gleichzeitig neue Leute kennenlernen, den Körper trainieren und Spaß haben. Um Verletzungen vorzubeugen, solltest du dich allerdings immer erst aufwärmen und beim Spielen die richtigen Aufschlag- und Schlagtechniken anwenden.

126

Bete

Gebete lassen uns wieder in unsere Mitte finden, wenn das Leben nicht so läuft wie gewünscht, spenden bei Niedergeschlagenheit Trost, muntern auf und erinnern uns immer daran, dass wir nicht allein sind. Haben wir das Gefühl festzusitzen, helfen sie uns, nach vorne zu schauen, und brauchen wir Heilung, so geben sie uns Hoffnung. Laut einer Studie von Dr. med. Harald Koenig, außerordentlicher Professor der Psychiatrie und Medizin an der Duke University School of Medicine in Durham, North Carolina, führen religiöse Menschen meistens ein gesünderes Leben. (Und eine bessere Gesundheit bedeutet ja in der Regel auch, dass man zufriedener mit seinem Leben ist.) Sprich ein Gebet, dass dich tröstet. Oder, wenn dir das lieber ist, erfinde ein eigenes. Schon ein einfaches »Danke!« kann ein mächtiges Gebet sein. »Ich brauche deine Hilfe« oder »Bitte führe mich« sind ebenfalls gute Anfangssätze.

127

Kuschle mit etwas

Vielleicht hattest du wie viele Leute als Kind ein kleines Kissen oder eine Schmusedecke, womit du dich nachts sicherer gefühlt hast. Jetzt, als Erwachsener, wünschst du dir möglicherweise in schlechten Zeiten, etwas so Handfestes zu haben, das dich tröstet. Wenn du keine Lieblingsdecke bzw. kein Lieblingskissen besitzt, sieh doch mal im Wäscheschrank nach, ob sich nicht dort etwas Kuscheliges findet, etwa eine alte Häkeldecke oder ein weicher Bettüberwurf, den du benutzen könntest. Oder geh in ein Kaufhaus in deiner Nähe und such bei den Sonderposten nach etwas Passendem. Als Kind hast du die Schmusedecke geliebt, weil sie dir und nur dir ganz allein gehörte. Sie roch nach dir. Sogar mit geschlossenen Augen wusstest du, wie sie aussah und sich anfühlte. Wenn du das nächste Mal traurig bist, such Trost bei etwas Vertrautem – wickle dich fest in deine Decke, damit dein inneres Kind sich sicher und geborgen fühlt.

128

Sag es freundlich

Mit etwas Mühe lässt sich der Impuls unterdrücken, bei Kritik an Anderen gängige, negative Ausdrücke zu gebrauchen. Stattdessen kannst du positive Worte nutzen, die sorgfältig gewählt und wohlüberlegt sind. Beispielsweise sind Bemerkungen wie »Da ist aber noch viel Luft nach oben!« oder »Das kannst du aber besser!« wenig hilfreich. Tatsächlich suggerieren sie, dass jemandes Gedanken oder Taten in den Augen der kritisierenden Person schlecht wegkommen und ihre Erwartungen nicht erfüllen. Da du solche Sätze selbst auch nicht gerne zu hören bekommst, solltest du sie auch nicht mehr zu anderen sagen. Gib stattdessen positive, konstruktive Rückmeldungen und Kritik. Sei ehrlich aber einfühlsam. So spornst du nicht nur andere zu guten Leistungen an, sondern förderst auch dein eigenes Glück.

129

Such dir eine Lernpartnerin

Hättest du nicht manchmal beim Lernen gern jemanden, der dich abfragt oder mit dir seine Notizen von der letzten Unterrichts- oder Seminarstunde austauscht? Dafür eignet sich niemand so gut wie eine Lernpartnerin. Wenn es in deiner Klasse oder deinem Seminar eine Person gibt, die du interessant findest oder die neu an der Schule oder Uni ist, frag sie doch, ob sie Lust hat, gemeinsam mit dir zu lernen. Beginne einfach eine Unterhaltung mit ihr. Stell dir vor, in einer neuen Umgebung zu sein, in der du keinen kennst, und dann, wie angenehm es wäre, wenn jemand dir vorschlagen würde, deine Lernpartnerin zu werden. Höchstwahrscheinlich wird die Person, die du fragst, dich genauso gerne unterstützen wollen, wie du sie. Schließlich habt ihr das gleiche Ziel: euch weiterzubilden! Es ist also für euch beide eine Win-win-Situation.

130

Bastle mit Kindern

Mach mal etwas jenseits von traditionellen Basteleien und kreiere mit den Kindern in deinem Leben etwas Lustiges, Skurriles oder Hübsches. Zeit mit ihnen ist nie verschwendet – sie brauchen sie, um sich angenommen und geliebt zu fühlen. Statt dass deine Schützlinge stundenlang vor dem Fernseher hocken, wo dann pausenlos irgendwelche (womöglich unerwünschten) Botschaften auf sie einprasseln, richtet einen festen Termin ein, an dem die gesamte Familie etwas zusammen unternimmt, und sieh zu, wie sie aufblühen. Zeit mit Kindern zu verbringen, macht gute Laune. Außerdem kommt dabei unter Umständen ein sehr individuelles, kreatives Kunstwerk heraus, das du dann aufbewahren kannst.

131

Mach Abschiedsgeschenke

Eine aufmerksame Art, sich von einem Freund oder Nachbar zu verabschieden, der wegzieht, ist, dieser Person ein Geschenk zu machen, das sie immer an die gemeinsame Zeit erinnern wird. Wenn die Person Gartenarbeit liebt, könntest du zum Beispiel Samen oder Setzlinge von deinen Lieblingspflanzen in weiße Umschläge und diese wiederum in eine Karte stecken, die du ihr am Umzugstag schenkst. Oder wenn ihr immer zusammen gekocht habt, schreib ihr doch ein paar von den besten Rezepten auf. So kann dein Freund oder Nachbar in seiner neuen Bleibe die Blumen pflanzen oder eines der Gerichte kochen und dabei an dich denken.

132

Hab Hoffnung

Immer, wenn in deinem Leben etwas Unangenehmes passiert – ein Elternteil wird krank, jemand fährt dir auf dem Parkplatz ins Auto, du überziehst dein Bankkonto, das Taxi, mit dem du zum wichtigsten Meeting deines Lebens fährst, steckt im Stau fest – glaube daran, dass die Umstände sich verändern werden und das Problem sich teilweise oder sogar ganz lösen lässt. Anstatt dich von Stress und Ängsten kleinkriegen zu lassen, verlier nicht die Hoffnung und finde den Mut, das zu ändern, was schiefläuft. Eine positivere Einstellung ist sowohl für deine Seele als auch für deinen Körper besser.

133

Löse Rätsel

Mach dein Gehirn glücklich, indem du es durch Gedächtnisübungen und Strategiespiele fit hältst. Das tägliche Lösen von Kreuzwort- oder Zahlenrätseln trainiert die kognitiven Fähigkeiten. Die kleinen grauen Zellen regelmäßig zu nutzen bereitet ebenso Freude wie die geistige Stimulation.

134

Schnuppere ein bisschen Lavendelduft

Immer, wenn du einen schlechten Tag hast, dich ausgelaugt fühlst oder deine miese Laune loswerden willst, schnuppere ein bisschen Lavendelduft und du wirst dich sofort besser fühlen. Dass Lavendel in der Aromatherapie zu den beliebtesten Düften gehört, ist leicht nachzuvollziehen. (Zitrus-, Rosen- und Sandelholzdüfte sind ebenfalls sehr angenehm. Da der Riechnerv den Geruch direkt ins Gehirn transportiert, können sie Erinnerungen an bestimmte Erlebnisse wecken.) Lavendel lässt sich auf viele Arten anwenden: als frisch gepresste Blüten, die man in einer Schale aufstellt, als ätherisches Öl im Duftspender mit Stäbchen, als Duftkerzen, als Potpourri oder getrocknet in Säckchen. Spüre, wie sich durch den Lavendel deine Stimmung bessert und denk dran, dass du ab jetzt keine schlechten Tage mehr ertragen musst.

135

Trink ein Glas Wein

Entspann dich am Ende eines anstrengenden Tages mit einem Glas Wein. Mehrere Studien besagen, dass Wein in Maßen genossen und zusammen mit einer ausgewogenen Ernährung gut für die Gesundheit ist. Er beinhaltet nämlich Phytochemikalien (Flavonoide und Resveratrol), die freie Radikale daran hindern, Körperzellen zu schädigen. Laut Wissenschaftlern reduziert trockener Wein einerseits das Risiko, an bestimmten Krebsarten oder Herzleiden zu erkranken und verlangsamt andererseits das Fortschreiten von Parkinson und Alzheimer. Während Frauen davon täglich ca. 200 ml zu sich nehmen können, sollten Männer nicht mehr als 400 ml am Tag konsumieren – wenn mehr Wein getrunken wird, hat das keinen gesundheitlichen Vorteil mehr.

136

Tob dich mit Ton aus

Vielleicht hast du wie viele andere auch als Kind gern Matschkuchen gebacken. Entdecke das warme, klebrige Gefühl wieder, das du beim Vergraben der Hände im Schlamm hattest – versuch dich im Töpfern. In einem Töpferkurs kannst du ein paar glückliche Stunden damit verbringen, zu lernen, wie es geht: Schneide erst ein Stück Ton ab, dann lege es in die Mitte der Töpferscheibe, forme es, brenne es, glasiere es und brenne es zum Schluss zum Aushärten der Glasur ein zweites Mal. Durch den Besuch eines Kurses erhältst du Zugang zu Ton, einer Töpferscheibe, einem Brennofen und natürlich gibt es dort auch einen Lehrer. Als Alternative kannst du dir eine Tonart kaufen, die sich in deinem eigenen Ofen brennen lässt (bei niedrigeren Temperaturen als im Brennofen) und Perlen herstellen, die du dann auf eine Kette fädelst.

137

Lass dich massieren

Massagen eignen sich sehr gut, um Stress abzubauen und Verspannungen im Körper zu lösen. Will man zur Ruhe kommen und relaxen, gibt es nichts Besseres als menschliche Berührung in Kombination mit Aromatherapie. Beim Besuch im Spa sind Massagen schlichtweg ein Muss. Auf Internetseiten wie groupon.de sind Gutscheine für günstige Massagen erhältlich. Natürlich könntest du auch deinen Partner darum bitten, dich zu massieren … Aber das führt dann möglicherweise in eine ganz andere Richtung. Obwohl: *Diese* Art von Massage entspannt natürlich auch und macht überaus glücklich!

138

Backe etwas

Du kannst gut backen und hast auch schon das ein oder andere Rezept ausprobiert, um den Geschmack deiner Lieblingsbrownies zu pimpen? Dann organisiere doch mal einen Kuchenverkauf (oder nimm daran teil) oder biete deine besondere kulinarische Kreation auf einem Stadtfest an. So bekommst du etwas Anerkennung für deine Backkünste! Außerdem gibt es auch viele Backwettbewerbe, zu denen man sich online anmelden kann. Wäre es nicht toll, sagen zu können, dass dein Kuchen, deine Creme oder Torte bei so einem Wettbewerb auf den ersten Platz gewählt wurde? Ganz sicher wäre es das – mit dem Orden könntest du noch jahrelang angeben. Selbst wenn du nicht gewinnst, der reine Vorgang des Backens zaubert dir auf jeden Fall ein Lächeln ins Gesicht und etwas Köstliches in den Magen.

139

Denk dran, dass Glück eine Reise ist

Wenn du über die vergangene Woche nachdenkst und dich an glückliche Momente erinnerst (selbst, wenn es nur flüchtige waren), aber feststellst, dass deine Erinnerungen von stressigen, ängstlichen, frustrierten, verzweifelten, traurigen, beleidigten, eifersüchtigen, ungeduldigen, besorgten, beunruhigten oder wütenden Momenten beherrscht werden, mach dir eine Tasse von deinem Lieblingstee, leg die Füße hoch und bedenke Folgendes: Glück ist nicht etwas, das man erst fühlt, nachdem man alle Ziele im Leben erreicht hat. Überhaupt nicht. Man kann es nämlich schon bei jedem Schritt auf der Reise dorthin erfahren. Aber die Entscheidung, ob du es zulässt, liegt allein bei dir.

140

Geh ins Casino

Wenn du gern hin und wieder ins Casino gehst, um eine Runde zu spielen und dir eine Show anzusehen, verdopple doch das nächste Mal dein Vergnügen und nimm eine Freundin mit. Dann hast du jemanden, der beim Gewinnen deine Freude oder beim Verlieren deine Enttäuschung teilen kann. Zudem gibt es im Casino total leckere Buffets und wer isst schon gern alleine? Ein gutes Essen genießen oder eine schöne Runde zocken steigert das momentane Wohlbefinden enorm. (Natürlich trägt gewinnen auch zum Glücklichsein bei!) Schon allein der Gedanke an die vielen Dinge, die du tun könntest, wenn du einen Jackpot gewinnst, wird dich glücklich machen. Wenn du also mal ein paar Euro und ein bisschen Zeit übrig hast, ruf eine Freundin an und zieh los.

141

Pflanz einen Kräutergarten

Gartenarbeit ermöglicht dir, an der frischen Luft zu sein. Außerdem gibt es zum Verfeinern von Saucen, Dips, schmackhaften Gerichten und Getränken (Möchte jemand noch einen Mojito?) nichts Besseres als frisch gepflückte Kräuter. Unkraut jäten und Löcher für Pflanzen graben ist zudem eine Art Workout. Wenn du gerne kochst und dazu gerne frische Kräuter und Produkte verwendest, die reich an Vitaminen, Mineralien und anderen Nährstoffen sind, denk doch mal darüber nach, einen Garten anzulegen. Die Kombination aus Gartenarbeit und Kochen ist gut für deine Gesundheit!

142

Biete anderen deinen Platz an

Sagen wir, du sitzt in einem überfüllten Bus oder Zug und bemerkst, dass eine ältere Person oder schwangere Frau steht oder dass ein kleines Kind sich stehend am Bein seiner Mutter oder seines Vaters festklammert. Sitz nicht einfach da – steh auf und biete dem Menschen, der Hilfe braucht, deinen Platz an. Denk an das gute Karma, das diese Tat dir bringen wird. Senioren sind manchmal etwas wackelig auf den Beinen, kleine Kinder kommen nicht immer an die Haltegriffe und -stangen, um sich festzuhalten, und schwangere Frauen sind oft müde, weil in ihnen, na, du weißt schon, ein menschliches Wesen heranwächst. Biete ihnen deinen Platz an und ermögliche diesen Leuten dadurch, sicher zu sitzen. Zu wissen, dass du gerade zu jemandem nett warst, wird sich gut anfühlen – und es macht dich zu einem besseren Menschen.

143

Mach dir ein Visionboard

Bestücke ein Blatt Plakatpapier oder eine Schaumstoffplatte mit Bildern, inspirierenden Wörtern, Lebenszielen und -träumen und versieh das Ganze mit Daten, wann du diese erreicht haben willst. Vielleicht möchtest du gerne deiner Schule dabei helfen, eine Theater- oder Kunst-AG ins Leben zu rufen. Möglicherweise bist du selbst künstlerisch begabt und könntest an der Herstellung von Masken, Kostümen, Bühnenbildern etc. mitwirken. Schneide Fotos oder repräsentative Bilder aus Zeitschriften aus und hefte sie an dein Visionboard. Kennst du andere Künstler, die in der Lage wären, dich bei der Gründung einer solchen Gruppe zu unterstützen? Schreib ihre Namen auf dein Board und kontaktiere sie. Schon bald wirst du merken, dass ein Traum nicht unbedingt von einem allein geträumt werden muss, sondern durch ein Team, das zusammen an einer gemeinsamen Vision arbeitet, Wirklichkeit werden kann.

144

Finde Trost an schlechten Tagen

Finde trotz negativer Umstände, mit denen du vielleicht zu kämpfen hast, während des Tages kleine Momente, an denen du den Dingen Aufmerksamkeit schenkst, die dir Freude machen. Nimm dir die Zeit und betrachte die gelben Rosen deines Nachbarn, die gerade in voller Blüte stehen, oder das im Urlaub gekaufte Bild, welches jetzt in deinem Wohnzimmer hängt. Genieß den Geschmack eines ganz reifen, süßen Apfels, den Klang deiner Lieblingsmusik oder wie sich deine Füße in deinen Lieblingsschuhen oder die warme Hand von deiner Partnerin in deiner eigenen anfühlt. Schätze das Geschenk, sehen, hören, riechen, schmecken und fühlen zu können – deine fünf Sinne reagieren immer noch auf die Umwelt, selbst wenn gerade alles wirklich mies ist. Tröste dich, indem du auf die kleinen Dinge und kurzen Glücksmomenten des Tages achtest.

145

Sei glücklicher auf der Arbeit

Überleg dir drei Dinge, die du tun könntest, damit du an deinem Arbeitsplatz zufriedener bist. Hättest du bessere Laune, wenn du deine Lieblingsmusik hören könntest? Würden an den unteren Rand des PC-Bildschirms geklebte Familienfotos dich aufmuntern? Oder wäre morgens die Stimmung gerettet, wenn du deine E-Mails anstatt gleich nach dem Ankommen erst mittags checken würdest? Finde Wege, um bei der Arbeit glücklich zu sein, und zusammen mit deiner Laune werden sich auch deine Kreativität und Produktivität verbessern.

146

Verteile Glückskekse

Veranstalte ein Abendessen für Familie, Verwandte, Freunde, Geschäftspartner oder Mitglieder deiner Gemeinschaft, bei dem du chinesisches Essen servierst. Verteile zum Schluss Glückskekse, in die du vorher kleine Zettel mit Komplimenten oder Glückssprüchen gesteckt hast. Alle sollen heiter, zufrieden und bester Laune sein. Das erreichst du, indem du sowohl den Gaumen deiner Gäste als auch ihre Seele erfreust.

147

Leg ein Familienalbum an

Bist du in deiner Familie die Person, die Familienfotos aufbewahrt? Dann leg doch ein Album an, in dem du den Familienstammbaum aufstellst und Geburten, Todesfälle, Hochzeiten sowie andere wichtige Ereignisse dokumentierst. Währenddessen kannst du auch die eigene Herkunft und die gesundheitliche Entwicklung in der Familie erforschen. In so einem Album findet sich Platz für alte Briefe, Dokumente, Urkunden und andere Schriftstücke, die als Andenken dienen. So wirst du nicht nur viele Stunden lang Spaß bei der Arbeit an deinem Buch haben und es bei Familienfesten und an Feiertagen zusammen mit deinen Verwandten ansehen, sondern auch Freude und Stolz darüber empfinden, dass du über alle Einzelheiten deiner Herkunft Bescheid weißt.

148

Nimm dir etwas »Ich-Zeit«

Nimm dir etwas Zeit, um zu reflektieren. Wichtig ist dabei weniger die Dauer als vielmehr, dass du den benötigten Ausgleich bekommst. Mach deine Ich-Zeit zu einer Priorität! So verschaffst du dir eine Möglichkeit, den Kopf frei zu bekommen, Kraft zu tanken und dich neu zu fokussieren. Zieh dich an einen ruhigen Ort zurück, wo du dich entspannen und eine Auszeit von beruflichen und familiären Verpflichtungen nehmen kannst. Du kennst keine geeigneten Orte? Dann nimm doch einfach dein Lieblingsbuch und fahr an den Strand. Oder finde eine schattige Bank an einem See, Bach, Fluss oder Teich – irgendwo, wo Land und Wasser aufeinander treffen. Sinke in deinen Liegestuhl, lausche den Naturgeräuschen, schlag das Buch auf und vertiefe dich in die Geschichte. Oder lehn dich einfach zurück, schließ die Augen und lass deinen Geist wandern. Während deiner Ich-Zeit brauchst du gar nichts zu tun, außer der Ruhe und Freude, die dich erfüllen, Raum zu geben.

149

Bau ein Baumhaus

Vielleicht gibt es in deinem Garten einen Baum, der stark genug ist, ein Baumhaus zu tragen? Wenn ja, dann trommle die Kinder in deiner Familie zusammen. Plant gemeinsam die Gestaltung des Hauses, kauft Holz und Nägel (und alle anderen notwendigen Materialien) dafür und baut es. Die Kinder werden dich dafür lieben, denn das Baumhaus wird ihnen viele Stunden voller schöner Erinnerungen verschaffen. Aber nicht nur das, so entsteht auch einen besonderer Ort, an dem dein inneres Kind mit den Kindern in deinem Leben zusammen sein kann!

150

Schicke Glücksnachrichten

Wenn du irgendwo auf einen Glücksspruch stößt, der dir gefällt, füg ihn an deine E-Mail Signatur an, damit jeder, mit dem du an diesem Tag korrespondierst, ihn liest. Das gleiche gilt, wenn dir lustige Bilder, Geschichten, Witze oder Zitate begegnen. Schicke Sie jemandem, von dem du weißt, dass er Aufmunterung nötig hat. Hat die Empfängerin gerade einen schlechten Tag, dann ist deine optimistische, humorvolle oder fröhliche Nachricht vielleicht genau das, was sie dazu bringt, zu kichern und wieder gute Laune zu haben.

151

Stoppe negative Gedanken

Einige von uns stecken so oft und tief in negativen oder Zwangsgedanken fest, dass wir uns dessen gar nicht mehr bewusst sind. So magst du vielleicht in der Sekunde denken, in der ein Vorstellungsgespräch beginnt: »Ich weiß genau, dass ich gleich einen schlechten Eindruck machen werde!« Solche negativen Gedanken entstehen oft schneller, als man mit glücklichen kontern kann. Aber die gute Nachricht ist: Man kann lernen, sie zu unterbrechen, um dann die Gedanken in eine realistischere Richtung zu lenken. Eine Methode, negatives Denken zu beenden, ist, einfach »Stopp!« zu sagen. Bevor danach noch ein weiterer beunruhigender Gedanke aufkommen kann, wechsle sofort zu einem positiven. Ein neuer, optimistischer Gedanke, wie etwa »Ich werde entspannt und positiv sein und viel von meinem Vorstellungsgespräch lernen«, wird dir ermöglichen, den Teufelskreis zu durchbrechen. Es handelt sich hierbei um eine einfache, aber hocheffektive Technik.

152

Tu etwas, das Spaß macht

Das klingt jetzt vielleicht allzu simpel. Aber wirklich viele Leute tun beinahe ihr ganzes Leben lang nichts, das Spaß macht. Studien zeigen deutlich, dass etwas zu unternehmen Zwangsgedanken stoppt. Eine Aktivität, die Spaß macht, lässt dich die ausgetretenen Pfade verlassen, sodass du die Dinge aus einer anderen Perspektive sehen und negative Gefühle und Gedanken abschütteln kannst, die dich bedrücken. Und vergessen wir nicht das Offensichtliche: Es macht Spaß! Egal, ob die geeignete Aktivität für dich nun in Fallschirmspringen, der Lektüre eines tollen Romans, Schwimmen, dem Spielen mit Kindern oder einer romantischen Verabredung mit deinem Schatz besteht, der springende Punkt ist, dass du aufhören solltest, bloß davon zu träumen oder darüber nachzudenken – raff dich einfach auf und leg los!

153

Kauf Blumen

Forscher der Harvard University fanden heraus, dass das Aufstellen von frischen Blumen in der Wohnung oder am Arbeitsplatz Ängste und Stimmungstiefs vertreibt. Außerdem waren Probanden in der Studie, die von frischen Blumen umgeben waren, gegenüber anderen mitfühlender, bei der Arbeit motivierter und spürten einen Energieschub. Also warte nicht bis zu einem Geburtstag oder Valentinstag, um dir oder deinem Schatz Blumen zu kaufen. Kauf sie gleich heute!

154

Geh nach draußen

Sonnenlicht ist erwiesenermaßen gut gegen Depressionen und negative Gedanken und bewirkt, dass wir uns besser fühlen. Ist der menschliche Körper Sonnenstrahlen ausgesetzt, produziert er Vitamin D. Wenn wir dagegen an Vitamin-D-Mangel leiden, sind wir oft müde, ängstlich und depressiv. Also geh täglich für einen kleinen Glückskick zehn bis zwanzig Minuten in die Sonne! Falls du nicht nach draußen kannst, verwende eine Lichttherapielampe, um das Gefühl zu simulieren.

155

Leg dein Smartphone weg

Wissenschaftler der Kent State University führten mit fünfhundert Studenten eine Studie durch und fanden heraus, dass mit dem häufigen Gebrauch des Smartphones schlechtere Noten, häufigeres Auftreten von Ängsten und geringere Zufriedenheit einhergehen. Menschen, die viel Zeit an ihrem Handy verbringen, vergleichen sich mehr mit anderen, was bei ihnen ein Gefühl von Leere auslöst. Die Angst, etwas zu »verpassen« oder nicht zu genügen, erschwert es diesen Leuten, in der Gegenwart zu leben und glücklich zu sein. Also Vorsicht, verwende dein Smartphone nur in Maßen.

156

Rieche an Zitrusfrüchten

Der Duft von Orangen, Zitronen und anderen Zitrusfrüchten baut Stress ab und löst im Gehirn positive chemische Reaktionen aus. Zusätzlich zum Genießen des Dufts der frischen Frucht kannst du auch ein paar Tropfen verdünntes Zitrusöl auf deine Druckpunkte auftragen oder in ein Entspannungsbad geben. Oder du trinkst ein schönes Glas frisch gepressten Orangensaft, dann profitierst du zudem von dessen hohen Vitamin-C-Gehalt.

157

Gib Geld für andere aus

Für andere Geld auszugeben macht meistens glücklicher als es für sich selbst zu tun. Laut einer Studie der Harvard University sind Leute, die etwas für jemand anderen erstehen, sofort nach dem Kauf und bei der Erinnerung daran wesentlich glücklicher als diejenigen, die von dem Geld etwas für sich selbst erwerben. Und die positiven Gefühle, die durch das Geldausgeben für andere entstehen, führen oft dazu, dass man es in Zukunft wieder tut. Siehst du? Philantrophie erzeugt Glück!

158

Probier neue Sexstellungen aus

Sex ist eine bombensichere Methode, um an jedem Tag der Woche glücklich zu sein. Aber wenn du den Glücksfaktor wirklich erhöhen willst, versuch es mal mit ein paar neuen Stellungen. Denn läuft der Liebesakt jedes Mal genau gleich ab, wird selbst er irgendwann langweilig! Experimentiere fantasievoll vor, während und nach dem Sex. Du kannst auch einige Dehnübungen und ein längeres Kardiotraining einbauen und so dafür sorgen, dass eine Menge angenehmer Endorphine ausgeschüttet werden. Wenn dir keine neuen Ideen einfallen, wie du deinen Schatz heiß machen, necken oder ein bisschen auf die Folter spannen könntest, lies das Kamasutra oder stöbere in einem Buchladen in deiner Nähe oder im Internet nach einem Buch mit guten Liebestipps. So entfachst du die Leidenschaft in eurer Beziehung neu.

159

Trainiere

Beim Trainieren werden im Körper Endorphine ausgeschüttet, was Glücksgefühle hervorruft. Obwohl es vielen Leuten schwerfällt, sich zum Sport zu motivieren, ist das anschließende Stimmungshoch der Mühe wert. Forscher der Pennsylvania State University stellten in einer aktuellen Studie fest, dass Menschen, die häufiger Sport treiben, vitaler und positiver sind als andere, die nicht trainieren. Außerdem verleiht Trainieren Energie, baut Stress ab, stärkt das Selbstbewusstsein und hilft sogar gegen Schlafstörungen. Jede körperliche Aktivität, die dich zum Schwitzen bringt, hilft auch deinem Glück auf die Sprünge – selbst ein schneller Spaziergang tut seine Wirkung! Also bring dein Blut in Wallung und werde glücklich.

160

Würze mit Kurkuma

Von goldener Milch bis hin zu gewürztem Reis – Kurkuma ist wegen ihrer entzündungshemmenden Wirkung groß im Rennen. Die aktive Komponente darin – das Kurkumin – hilft zudem gegen Depressionen. Es lässt den Serotonin- und Dopaminspiegel (das sind die »Wohlfühlbotenstoffe« des Gehirns) ansteigen und hebt somit die Laune. Und nicht nur pure Kurkuma sorgt für ein Stimmungshoch, sondern auch die Gerichte, die das Gewürz enthalten, wie etwa Currys.

161

Lade zum Abendessen Gäste ein

Eine Party geben kann stressig sein, aber auch sehr viel Spaß machen, besonders wenn der einzige Programmpunkt gutes Essen ist. Eine gemeinsame Mahlzeit ist mehr als einfach essen und trinken – man teilt bedeutungsvolle, schöne Momente mit tollen Freunden. Wenn es allen Spaß macht, dann esst doch regelmäßig zusammen und trefft euch jedes Mal bei jemand anderem aus eurem Bekanntenkreis. Ein festliches Menü zu planen und zuzubereiten ist nicht so schwierig, wie du vielleicht denkst. Alles, was du dazu brauchst, sind eine Idee, was du kochen willst, ein paar frische, hochwertige Zutaten und einige Grundnahrungsmittel.

162

Drück die Schlummertaste

Manchmal gibt es morgens nichts Schöneres, als den Snooze-Knopf drücken zu können und noch zehn kostbare Minuten länger zu schlafen. Stell dir den Wecker zehn Minuten früher, als du tatsächlich aufstehen musst. Wenn er dann klingelt, wirst du mit Befriedigung feststellen, dass du nochmal einschlafen und ihn ignorieren kannst. Dieser kleine Triumph über den Wecker rettet manchmal den Rest des Morgens.

163

Sieh das Gute in anderen

Glückliche, optimistische Menschen geben anderen erstmal einen Vertrauensvorschuss und gehen davon aus, dass sie gut mit ihnen auskommen werden. (Es sei denn, es gibt einen Grund, der dagegen spricht.) Versuche, dir diese Einstellung zu eigen zu machen. Wenn du jemanden kennenlernst, betrachte ihn als potentiellen Freund, den du vielleicht gern um dich haben wirst. Wende diese Idee auch auf deine bestehenden Beziehungen an! Geh nicht davon aus, dass du einem Freund, zu dem du länger keinen Kontakt hattest, nicht trotzdem am Herzen liegst. Stattdessen vertraue der Person und geh davon aus, dass ihre Abwesenheit nichts mit dir zu tun hat.

164

Wohne in der Nähe deines Arbeitsplatzes

Pendeln ist eine stressige, angstbesetzte Angelegenheit, welche selbst die geduldigsten Leute als zermürbend empfinden. Eine Studie mit über tausend Amerikanern ergab, dass die Stimmung der Probanden täglich am schlechtesten war, während sie zur Arbeit und von ihr zurück nach Hause fuhren. Außerdem ist bei Paaren, von denen ein Partner mehr als fünfundvierzig Minuten pendeln muss, die Scheidungsrate um vierzig Prozent höher. Wenn du also die Wahl hast, tu dir selbst einen Gefallen und sorge dafür, dass du in der Nähe deines Arbeitsplatzes wohnst und der Weg zur Arbeit möglichst kurz ist.

165

Schwelge in Erinnerungen

Die Glücksgefühle, die durch das Schwelgen in schönen Erinnerungen ausgelöst werden, sind fast so real, wie während des eigentlichen Erlebnisses. Tatsächlich ist bei Menschen, die sich oft an positive Ereignisse in ihrem Leben erinnern, die Wahrscheinlichkeit glücklich zu sein besonders hoch. Also mach Fotos, leg Alben an, sammle Souvenirs, sprich mit einem alten Freund, schau deine Lieblingsfilme usw. Tu, was auch immer du tun musst, um schöne Erinnerungen wiederaufleben zu lassen.

166

Kauf dir kleine Dinge

Anstatt dir immer das aktuellste Smartphone, den angesagtesten Wagen oder den besten Laptop zu leisten, kauf dir lieber mehrere Kleinigkeiten: zum Beispiel leckere Pralinen, ein paar hübsche Kerzen oder etwas Musik für dein Handy. Sich häufiger kleine Freuden zu gönnen, macht glücklicher, als viel Geld in extravagantere (und teurere) Dinge zu investieren. Schließlich macht ein Auto, welches das Doppelte kostet als ein anderes Modell, nicht auch automatisch doppelt so glücklich! Buche von dem gesparten Geld einen Wochenendtrip mit deinem Schatz. Das bringt viel mehr Freude als ein Luxusschlitten.

167

Sitz gerade

Dass aufrecht sitzen, statt auf dem Stuhl zu lümmeln, gut für den Körper ist, weiß jeder. Tatsächlich ist eine schlechte Sitzhaltung eine zusätzliche Belastung für Gelenke und Bänder. Außerdem erhöht sie das Verletzungsrisiko, verschlechtert die Sauerstoffversorgung und kann zu Spannungskopfschmerzen und Rückenproblemen führen. Dennoch sitzen immer mehr Leute bucklig, weil sie dauernd technische Geräte benutzen. Der so genannte »Smartphone-Nacken«, der vom Hinunterstarren auf einen Tablet- oder Handybildschirm kommt, ist zu einem großen Problem geworden. Darüber hinaus sieht sich hinfläzen nicht nur doof aus, sondern sendet auch die falschen Signale an den Körper. Dadurch glaubt nämlich das Gehirn, man sei müde und unsicher. Eine aufrechte Haltung dagegen stärkt das Selbstverstrauen und macht energetischer und produktiver. Also sitz gerade! Dann fühlst du dich wohler und sicherer und siehst obendrein noch besser aus.

168

Hör auf zu meckern

Da das Gehirn dazu neigt, sich auf Negatives zu konzentrieren, ist sich beschweren wahrscheinlich eine natürliche menschliche Reaktion. Aber diese Erkenntnis macht das Verhalten an sich nicht besser. Darauf herumzureiten, wie sehr einen etwas nervt, tut weder Körper noch Seele gut. Außerdem: Wann hat das ganze Gemecker jemals irgendwas gebracht? Konzentrier dich stattdessen lieber auf etwas anderes Positives. Das macht zufriedener.

169

Leg dich nicht fest

Die eigene Komfortzone zu verlassen ist schwierig. Aus diesem Grund bleiben viele von uns, wenn wir glauben, dass wir im Job oder Leben angekommen sind, an diesem Punkt einfach stehen. Wir hören auf zu lernen, zu wachsen und uns weiterzuentwickeln. Aber Stillstand bedeutet auch weniger Glück! Natürlich macht es auch nicht glücklich, wenn man rein um der Veränderung willen mit etwas Neuem beginnt. Ein neuer Job mag zum Beispiel zunächst spannend sein, aber sobald man sich an ihn gewöhnt hat, schleicht sich sicher wieder der alte Trott ein. Anstatt das zuzulassen, versuche dein Leben konstant zu verbessern. Geh dafür auch weit über deine Komfortzone hinaus, wenn es sein muss – gib dich nicht mit weniger zufrieden.

170

Sei kein Leisetreter

Um Konflikten aus dem Weg zu gehen, tun Leisetreter oft Dinge, die sie eigentlich gar nicht tun wollen. Sie stehen nicht für die eigenen Ansichten oder Ideen ein und können somit leicht ausgenutzt werden. Dennoch sind sie nicht unbedingt schwach, ihnen fehlen nur die Mittel, um sich zu verteidigen. Solltest du auch zu ihnen gehören, unternimm dagegen Folgendes: Lerne als Erstes, deine Gefühle zu artikulieren. Stört dich etwas oder kommt dir falsch vor, dann raus damit. Lerne danach, nein zu sagen, wenn du für etwas keine Zeit hast. Überleg dir außerdem gut, wann es sich zu kämpfen lohnt, und geh mit den Konflikten konstruktiv um. Das heißt, du solltest direkt und ehrlich sein, aber dabei ruhig bleiben. Denk dran: Passivität bringt dich im Leben nicht weiter. Teile daher deinen Mitmenschen deine Vorlieben mit und bitte sie um das, was du willst. Dazu musst du andere nicht überfahren, aber sei bestimmt und setze ihnen Grenzen, die sie nicht überschreiten dürfen. Du wirst merken, dass Durchsetzungsvermögen das Selbstbewusstsein stärkt. Außerdem gibt es dir das Gefühl, dass deine eigenen Bedürfnisse besser befriedigt werden, und wirkt sich positiv auf deine Beziehungen aus.

171

Trink Kaffee

Kaffee ist für viele von uns der Nektar der Götter – und das aus gutem Grund: Das in ihm enthaltene Koffein verleiht nämlich Energie, wirkt antidepressiv und hebt die Laune. Eine kürzlich durchgeführte Studie zeigte, dass allein schon sein Geruch viele Menschen beruhigt. Außerdem versorgt Kaffee den Körper mit leicht absorbierbaren Antioxidantien, ist gut für die Leber, kann zu mehr Glücksgefühlen beitragen, (bei Frauen) das Risiko reduzieren, an Hautkrebs sowie an Diabetes Typ zwei zu erkranken, und kann dazu führen, dass das Gehirn länger gesund bleibt als bei Menschen, die keinen Kaffee trinken. Je mehr Koffein man allerdings konsumiert, desto weniger profitiert man von seinen Vorzügen. Wenn du also willst, dass dich Kaffee wirklich glücklich macht, dann genieß ihn in Maßen.

172

Trink Wasser

Eine ausreichende Flüssigkeitszufuhr verleiht Energie, verbessert Hautbild und Teint und versorgt den Körper mit dem, was er braucht, um richtig zu funktionieren. Schon eine leichte Dehydration kann sich kognitiv auf die Stimmung auswirken, das Erinnerungsvermögen reduzieren und die Arbeit des Gehirns beeinträchtigen. Tatsächlich verwechseln viele Leute die Symptome einer Dehydration fälschlicherweise mit denen einer Depression! Wenn du dich träge und schläfrig fühlst, Konzentrationsprobleme oder Schwierigkeiten hast, dich an etwas zu erinnern, musst du vielleicht ganz einfach mehr Wasser trinken. Anschließend fühlst du dich gesünder und glücklicher.

173

Schreib auf, was du gern tun würdest

Fühlst du dich etwas verloren und orientierungslos? Dann setz dich in eine ruhige Ecke, überlege, was du wirklich gerne tun würdest, und schreib es auf. Vielleicht gibt es ja einen Ort, den du gern besuchen, einen Job, den du ausprobieren, oder ein Gericht, du schon immer mal kochen wolltest. Deine Ziele können alles Mögliche sein. Sieh dir anschließend die Liste an und überlege, wie sich diese Dinge erreichen lassen. Du weißt, dass sie dich glücklich machen würden, also warum sie nicht endlich angehen?

174

Frag: »Hast du ein Problem?«

Der folgende Glückstipp hat beinahe sofortige Wirkung und stammt von ein paar zweitklassigen New Yorker Filmgangstern. (Das war ein Witz, er kommt vom Autor Eckhard Tolle.) Bei dieser Technik soll man darüber nachdenken, ob man ein Problem hat. Und so funktioniert es: Frag dich einfach: »Habe ich jetzt, in diesem Moment, ein Problem?« Bei genauerer Überlegung lautet die Antwort meistens nein. Die meisten Probleme sind nämlich Dinge, von denen du befürchtest, dass sie passieren werden, oder Ereignisse aus deiner Vergangenheit. Wenn du über den jetzigen Moment nachdenkst und dir bewusst wird, dass du gerade kein Problem hast, hebt das also deine Stimmung.

175

Nimm Kontakt zu alten Freunden auf

Studien zeigen, dass ein Netzwerk aus langjährigen Freunden ein Stresspuffer ist. Solltest du deine alten Freunde länger nicht gesehen haben, dann ist es Zeit, dass du dich mal wieder bei ihnen meldest. Sicher, du magst seit eurer letzten Begegnung älter geworden sein und dich verändert haben, aber die neuen Erfahrungen, die ihr alle gemacht habt, werden euch viel Gesprächsstoff liefern. Weine nicht den alten Zeiten hinterher, sondern finde neue Wege, mit deinen langjährigen Freunden in Verbindung zu treten. Ihr habt doch schon so viel zusammen durchgemacht! Erinnere dich an die schönen Zeiten und sorge für guten Kontakt zwischen euch.

176

Räum auf

Ordnung mag zwar das halbe Leben sein, aber für gewöhnlich steht sie bei den meisten Leuten nicht sehr weit oben auf der Glücksskala. Dennoch hilft das Entrümpeln des Zuhauses, auch das sonstige Leben besser in den Griff zu bekommen. Denn wenn daheim alles sauber und aufgeräumt ist, lassen sich auch die eigenen Gedanken besser ordnen. Eine saubere Wohnung bedeutet, man hat weniger Stress, ist gelassener und damit auch glücklicher. Sollte bei dir gerade ein Riesenchaos herrschen, von dem du dich überfordert fühlst, versuche fünf Dinge am Tag wegzuwerfen oder zu spenden.

177

Zieh dich bunter an

Studien zeigen, dass Farben die Stimmung verbessern und ein gutes Gefühl geben. Was das bedeutet? Schwarz lässt dich zwar vielleicht schlanker aussehen, tut aber rein gar nichts für die Psyche. Also lass die schwarzen Klamotten auch mal im Schrank hängen und bring stattdessen ein bisschen Farbe in deine Garderobe. Das steigert das Selbstvertrauen und macht glücklich.

178

Iss etwas Scharfes

Das heiße Brennen, das man bei scharfem Essen spürt, ist technisch gesehen kein Geschmack, sondern eine Schmerzempfindung. Capsaicin, der chemische Stoff in scharfen Lebensmitteln, wirkt auf die Schmerzrezeptoren im Körper, was dieser als tatsächlichen Schmerz interpretiert. Daraufhin werden im Gehirn als Ausgleich dafür Wohlfühl-Endorphine ausgeschüttet. Ergo: Wenn du scharfe Gerichte isst, bekommst du einen Gute-Laune-Flash.

179

Gib einhundertzehn Prozent

Jeder kommt mal an den Punkt, an dem es Zeit zu sein scheint, etwas aufzugeben, sei es nun ein Projekt oder eine Beziehung. Sollte es bei dir soweit sein, dann investiere noch einmal zehn Prozent extra, bevor du endgültig die Segel streichst. Wenn du schon alles gegeben hast, übertriff dich selbst, gib einhundertzehn Prozent und starte einen letzten Versuch. Selbst wenn deine Bemühungen am Ende nicht fruchten, weißt du dann, dass du alles dir Mögliche getan hast, und schon allein diese Tatsache wird dich zufriedener machen. Oft bedauern wir Niederlagen am meisten, wenn wir glauben, dass wir sie durch etwas mehr Anstrengung hätten vermeiden können. Sorge dafür, dass dir das nicht passiert!

180

Nimm es nicht persönlich

Das kennen wir alle: Jemand ist unverschämt zu uns und wir sind daraufhin beleidigt, selbst wenn wir die Person gar nicht kennen. Instinktiv glauben wir dann, dass wir etwas falsch gemacht haben und sich die Person deshalb uns gegenüber wie ein Idiot benimmt. Gewöhnlich ist das jedoch nicht der Fall, sondern tatsächlich hat der andere ein Problem. Viele Leute lassen aufgestauten Ärger und tiefsitzende Probleme an ihren Mitmenschen aus. Versuch, dir das bewusst zu machen und nicht mehr alles persönlich zu nehmen. Wenn dich das nächste Mal jemand beschimpft oder sagt, du seist nicht gut genug, gib einfach nichts darauf! Es geht gar nicht um dich. Gelingt es dir, das zu verinnerlichen, hast du auch nicht mehr das Bedürfnis, allen gerecht zu werden, und bist mehr bei dir selbst (und außerdem glücklicher).

181

Es ist egal, was andere von dir denken

Ständig haben wir das Bedürfnis, von unseren Mitmenschen akzeptiert zu werden, und ziehen unsere Selbstbestätigung aus der Anerkennung durch andere. Doch trotzdem fühlen wir uns leer. Indem du dich auf eine bestimmte Art kleidest oder bestimmte Dinge tust, weil du dich an die Menschen in deinem Umfeld anpassen willst, verbiegst du dich nur unnötig. Ein glücklicherer Mensch wird nur, wer nicht ständig andere beeindrucken will und sich bewusst macht, dass die Anerkennung von sich selbst die einzig nötige ist. Sicher, es ist schön, wenn du für deine Arbeit gelobt wirst und deine Eltern stolz auf dich sind. Aber das sollten nicht die Hauptbeweggründe für dein Handeln sein. Alles, was du bist, und alles, was du erreichst, sollte in erster Linie deinen Wünschen entsprechen! Anderen zu gefallen ist nur ein zusätzlicher Nutzen.

182

Hör auf zu denken, dass dir etwas fehlt

Häufig hört man so etwas wie »Wenn ich fünf Kilo abnehme, bin ich glücklicher« oder »Wenn ich diesen Job bekomme, geht es mir besser« oder »Wenn ich meinen Traumurlaub mache, bin ich zufriedener.« Aber keine dieser Aussagen stimmt. Glück kommt vom Leben im Moment, nicht von einem abstrakten Ereignis in der Zukunft. Wenn du das Glücklichsein für etwas aufsparst, das vielleicht irgendwann passieren wird, nimmst du dir die Möglichkeit, im Jetzt glücklich zu sein.

183

Nimm dein Glück selbst in die Hand

Genau wie deine Klamotten kannst du dir jeden Tag deine Laune aussuchen, also beschließe glücklich zu sein! Niemand sonst kann dich glücklich machen – du bist selbst dafür verantwortlich. Wenn du nicht zufrieden mit dir selbst bist, kannst du auch nicht glücklich sein. Lass dir dein Glück von niemandem nehmen.

184

Akzeptiere, was du nicht ändern kannst

Ein paar Dinge kannst du nicht ändern: deine Größe, deine Vergangenheit, deine Erziehung. Aber lass dir davon nicht die Laune verderben, sondern sieh nach vorne und lerne aus deinen Fehlern. Wenn du dich über Dinge ärgerst, die du sowieso nicht ändern kannst, schmälert das nur dein Glück. Konzentrier dich stattdessen auf das, was du hast, und sei dankbar dafür.

185

Melde dich zu einem Kurs an

Gibt es etwas, das dich schon immer interessiert hat, wofür dir aber das entsprechende Know-how fehlt? Vielleicht wolltest du schon immer Glasmalerei ausprobieren, ein Gourmetmenü zubereiten oder deinen eigenen Schmuck herstellen? Ganz egal, worum es sich handelt, melde dich einfach zu einem Kurs an, in dem du lernst, wie es geht. So ein Kurs ermöglicht dir, dich mit deinem Hobby ausführlich auseinanderzusetzen, stellt alle notwendigen Materialien bereit und du wirst von einem fachkundigen Dozenten auf deinem Weg zum Erfolg begleitet. Außerdem lernst du dort neue Leute kennen – und wer weiß? Eine oder mehrere von ihnen könnten zu Freundinnen werden, mit denen du am Ende viele glückliche Stunden mit dem Herstellen von Kunstobjekten verbringen kannst.

186

Sprich mit glücklichen Leuten

Wenn du Leute triffst, die positiv und mit ihrem Leben zufrieden sind, frag sie, warum sie sich so fühlen. Du könntest sie bitten, sie im Rahmen einer Recherche für einen Artikel über glückliche Leute interviewen zu dürfen. Stell Fragen, die sie aus der Reserve locken – keine, die man mit ja oder nein beantworten kann, sondern solche, die eine längere, durchdachte Antwort erfordern. Ermutige sie, dir ihre Tipps für ein glückliches Leben mitzuteilen. Wenn du danach den Ehrgeiz dazu hast, kannst du den Artikel ja wirklich schreiben und ihn an eine Lokalzeitung oder ein Anzeigenblatt schicken.

187

Sei liebevoll zu dir selbst

Allzu oft sind wir selbst unser schlimmster Feind. Natürlich ist es gut, zu wissen, was man in der Vergangenheit falsch gemacht hat und was man zukünftig verbessern kann. Aber wer sich ständig selbst fertigmacht, bläst unter Garantie irgendwann nur noch Trübsal. Tatsächlich fühlt man sich durch Selbstkritik nur noch mieser. Anstatt also auf früheren Niederlagen herumzureiten, konzentrier dich darauf, wie sehr und warum du dich selbst wertschätzt. Diese Verlagerung der Sichtweise macht dich stärker, produktiver, weniger gestresst und, ja, auch glücklicher.

188

Tu jemandem etwas Gutes

Glücklich macht auch, anderen mit einer nette Geste oder einem kleinen Geschenk eine Freude zu machen. Das kann alles Mögliche sein. Zum Beispiel könntest du der Person vor dir in der Schlange beim Bäcker den Kaffee bezahlen. Sag einfach zum Verkäufer: »Der Kaffee von dieser Dame geht auf mich.« Dann lächle die Person an und wünsche ihr einen schönen Tag. Oder du pflückst ein paar Blumen aus deinem Garten und bringst sie einem Nachbarn, oder bietest jemandem im Bus deinen Sitzplatz an. Du wirst überrascht sein, wie glücklich du bist, nachdem du jemand anderem etwas Gutes getan hast. Solche Erfahrungen geben dem Leben eine tiefere Bedeutung. Denk dir Geschenke aus, die kein Geld kosten: Zum Beispiel andere anlächeln, ihnen die Tür aufhalten oder dabei helfen, Einkäufe ins Auto zu laden. In nur wenigen Minuten kannst du jemandem ohne besonderen Anlass ein Geschenk machen, das für sein Leben vielleicht große Bedeutung hat.

189

Schreibe drei Dinge auf, die du an dir magst

Hast du einen inneren Kritiker, der dich ständig daran erinnert, dass du eine zu große Nase, zu breite Hüften oder einen zu kleinen Busen hast? Dann überleg dir doch mal drei Dinge, die du an dir toll findest, und schreib sie auf eine Karte. Es müssen nicht unbedingt körperliche Merkmale sein – es können auch Sätze sein wie »Ich mag meine mitfühlende Art« oder »Ich mag an mir, dass andere sich schnell mit mir wohlfühlen« oder »Ich mag, dass ich über große innere Stärke verfüge«. Kleb dir die Karte an den Spiegel, Computer, Kühlschrank oder einen anderen Ort, an dem du häufig an die Dinge erinnert wirst, die dich einzigartig machen.

190

Führe eine neue Tradition ein

Weißt du noch, als du mit deinen Freunden einen spontanen Roadtrip unternommen hast und daraus ein verrücktes Abenteuer wurde? Vielleicht passierte etwas wunderbar Unvorhergesehenes, als ihr gerade mitten in den Vorbereitungen für euren Sommerurlaub wart. Oder ihr hattet am Nachmittag des ersten jährlichen Schneefalls oder am Abend vor Weihnachten eine unvergessliche Zeit. Oder vielleicht habt ihr irgendwann eine Kissenschlacht veranstaltet, die damit endete, dass ihr Popcorn und Karamellbonbons gemacht und euch alle zusammen im Schlafanzug alte Filme angesehen habt. Egal, was es war, wenn das Erlebnis immer noch bei allen Beteiligten lebhafte Erinnerungen hervorruft, lasst es doch zur Tradition werden! Überleg dir mit Freunden oder Familienmitgliedern, was für eine neue Tradition ihr einführen könntet, die euch in Zukunft jedes Mal schöne Momente beschert. Bei solchen Traditionen geht es um Spaß und das Gemeinschaftsgefühl, also warum nicht heute eine neue beginnen?

191

Mach einen Serienmarathon

Experten sagen zwar, dass zu viel Fernsehen nicht gut sei, aber wer kann schon bestreiten, dass es riesigen Spaß macht, sich mit Popcorn und etwas zu trinken vor das Heimkino zu setzen und die komplette Geschichte der Lieblingsserie am Stück anzusehen? Fläze dich gemütlich aufs Sofa und versinke für einen Abend in deiner Lieblingsfernsehwelt, vom ersten Kennenlernen bis zum letzten Abschied.

192

Tu dir selbst etwas Gutes

Eigentlich müsstest du deine Wohnung dringend sauber machen, in der Spüle stapelt sich schmutziges Geschirr, und noch nicht mal zum Wäschewaschen bist du gekommen ... Aber heute darf ausnahmsweise alles liegen bleiben. Nimm dir Zeit und verwöhne dich mit etwas, das dich zufrieden macht und entspannt. Du könntest beispielsweise in deinem Lieblingscafé eine leckere Tasse Tee oder Kaffee trinken. Oder setz dich auf die Terrasse und betrachte deinen Garten und das Grün um dich herum. Oder du fährst an den Strand, lässt dir dort den Wind um die Nase wehen, die Sonne auf den Bauch scheinen und genießt die Ruhe des Augenblicks.

193

Arbeite ehrenamtlich für Habitat for Humanity

Wenn du ein starkes soziales Bewusstsein hast und dich praktische Arbeit auf dem Bau reizt, dann schnapp dir einen Hammer, schultere ein paar Bretter und hilf dabei, armen Familien ein Zuhause zu bauen. Habitat for Humanity ist eine gemeinnützige Organisation, die weltweit zusammen mit Ehrenamtlern Häuser für Menschen mit geringem Einkommen errichtet. (Sogar der einstige US-Präsident Jimmy Carter baute jedes Jahr eine Woche lang gemeinsam mit seiner Frau im Namen von Habitat for Humanity an bezahlbaren Unterkünften für Arme mit.) Wenn du glaubst, dass du mehr für die Unterstützung bedürftiger Menschen tun könntest, findest du bei Habitat für Humanity Gleichgesinnte. Also schwing den Hammer und los geht's!

194

Verzeih jemandem

Sicher hast du schon mal davon gehört: Wenn man sich weigert, jemandem zu verzeihen, lässt man dadurch zu, weiterhin von dieser Person verletzt zu werden. Warum willst du dir das antun? Versuche nachsichtig zu sein. Dadurch bleiben deine Erinnerungen unberührt, aber emotionale Wunden heilen und werden sogar in etwas Positives umgewandelt. Es ist eine effektive Methode, wie man schmerzvolle Gefühle loswird, sodass man angenehmere empfinden kann. Verzeihen bedeutet nicht, die Vergangenheit auszublenden, sondern eher, dass man die Gefühle verändert, die man auf eine Erinnerung projiziert (schließlich hast du dem Ereignis damals, als es passiert ist, eine große Bedeutung beigemessen). Dadurch sparst du dir die Energie, die du sonst dafür aufbringen müsstest, weiterhin sauer auf die Person zu sein, die dich beleidigt und verletzt hat. Verzeihen tut sowohl Körper als auch Seele gut.

195

Überrasche einen Fremden mit einer netten Geste

Etwas zu geben fühlt sich ganz einfach gut an. Macht man sich die Mühe herauszufinden, wovon jemand anderes wirklich dauerhaft profitieren könnte, so löst das ein Gefühl von Empathie und Liebe aus. Geben, ohne die andere Person zu kennen, kann sogar noch bereichernder sein. Anonym und spontan jemandem etwas Gutes zu tun, fühlt sich oft ungemein befriedigend an. Das Besondere dabei ist, dass man keine Gegenleistung erwartet – das ist die wahre Bedeutung von Nächstenliebe. Wenn du von Herzen gibst, verbindet dich das mit der Menschheit, erweitert und erfüllt das *Ich* in dir (manche nennen es die Seele) und fördert zudem die Serotonin-Ausschüttung.

196

Spiel etwas

Spielen regt die Lustzentren des Gehirns an: die Basalganglien (die Hirnregion, welche Bewegung und Gefühle koordiniert) und das limbische System (wo die emotionale Tiefe und die Leidenschaft zu Hause sind). Die kombinierte Stimulation bringt den präfrontalen Cortex (den Teil, der für das Denken verantwortlich ist) auf Trab, sodass er dir mitteilt, dass du Spaß hast! Für maximales Vergnügen und zur Verstärkung dieser guten Gefühle schüttet das Gehirn dann auch noch den Neurotransmitter aus, den wir alle so sehr lieben: Dopamin. Das Ergebnis ist, dass dein Gehirn einen kleinen Glücksurlaub macht. Je mehr solcher angenehmen Erlebnisse du durch Spielen hast, desto glücklicher bist du letztendlich.

197

Leg eine schlechte Gewohnheit ab

Das Gehirn kann darauf trainiert werden, schlechte Gewohnheiten abzulegen, indem man ihm beibringt, diese mit neutralen oder sogar schlechten Umständen (letzteres als Bestrafung) zu verbinden. Anstatt dich beispielsweise darüber aufzuregen, dass du eine Zigarette am Tag rauchst, entziehe dem Akt des Rauchens jegliches Nachdenken. Assoziiere weder positive noch negative Handlungen, Gedanken oder Gefühle damit. Neutralisiere alle Verbindungen. Sobald du das Rauchen nicht mehr genießt, wird es dich auch nicht mehr so sehr reizen. Wenn diese Taktik bei dir nicht funktioniert, versuch nach dem Rauchen immer etwas Unangenehmes zu tun, wie die Toilette putzen, Rechnungen bezahlen oder viel zu laut Heavy Metal hören. Auf jeden Fall muss es etwas sein, das du wirklich zutiefst verabscheust, und du solltest dich jedes Mal dazu zwingen, wenn du geraucht hast. (Falls du das nicht alleine schaffst, beauftrage jemanden, der dir bei der Bestrafung hilft, zum Beispiel eine enge Freundin). Schon bald ist dir die eine Zigarette wahrscheinlich nicht mehr den ganzen Ärger wert und du wirst die Gewohnheit aufgeben.

198

Lache – viel

Lachen ist die beste Medizin gegen alles, was dich bedrückt. Es hat nämlich erstaunliche Vorteile. So baut es Stresshormone ab (insbesondere Cortisol), verschafft dem Körper eine gesunde Pause, senkt den Blutdruck, stärkt das Immunsystem und fördert die Ausschüttung von Endorphinen (den wunderbaren Glückshormonen). Außerdem entspannt Lachen seelisch und physisch, sodass man sich anschließend gereinigt fühlt. Und nicht zuletzt ist es ein tolles innerliches Workout für den Körper!

199

Lass den Zucker weg

Obwohl der Körper für eine gute Funktionsfähigkeit ständig mit Glukose (z. B. Blutzucker) versorgt werden muss, führt der dauerhafte Konsum von raffiniertem Zucker und süßer Limonade wohl kaum zu gesunden Glukose-Werten. Ganz im Gegenteil: Wissenschaftler des Salk Institute for Biological Studies in Kalifornien fanden heraus, dass hohe Glukose-Werte, die von leicht verdaulichem Zucker herrühren, langsam aber sicher überall im Körper Zellen schädigen, vor allem im Gehirn. Zusätzlich zu den unnötigen Extrakalorien, die raffinierter Zucker liefert, schwächt er auch noch das Immunsystem, drückt die Stimmung und macht müde.

200

Füll deinen B_{12}-Vorrat auf

Eine vor kurzem durchgeführte Studie zeigt, dass Menschen mit Vitamin-B_{12}-Mangel doppelt so oft an einer schweren Depression erkranken als andere. Der Mangel scheint im Gehirn eine Anstauung von Serotonin zu verursachen, die dazu führt, dass die Neuronen den Botenstoff nicht so ausschütten können, wie sie das normalerweise tun würden. Wenn du mehr B_{12} zu dir nehmen und deinem Glück auf natürliche Weise auf die Sprünge helfen willst, iss Lebensmittel, die reich an diesem Vitamin sind: zum Beispiel Eier, Milch, Venusmuscheln, Rindfleisch, Austern, Krabben und Thunfisch. Falls du Veganer oder Vegetarier bist oder diese Lebensmittel nicht magst, kannst du auch auf Nahrungsergänzungsmittel zurückgreifen, die Vitamin B_{12} enthalten.

201

Sei positiv

Jeder Gedanke setzt in Gehirn Botenstoffe frei. Konzentriert man sich auf negative Gedanken, so verliert es seine positive Effektivität und wird langsamer. Negative Gedanken beinträchtigen unter Umständen sogar seine Funktionsfähigkeit, was zu Depressionen führen kann. Durch die Konzentration auf positive, glückliche, hoffnungsvolle Gedanken hingegen werden Botenstoffe produziert, die Wohlbefinden erzeugen. Diese helfen dem Gehirn, Spitzenleistungen zu erbringen. Gute Laune hat Hunderte von Vorteilen, unter anderem, dass sie ansteckend ist – besonders im Familien- und Freundeskreis. Also Schluss mit dem Stirnrunzeln! Gib deinem Gehirn den Saft, den es braucht, um seine Kapazitäten voll auszuschöpfen, damit ihr euch beide gut fühlen könnt.

202

Iss Gemüse

Dunkles Blattgemüse wie Spinat, Blatt- und Grünkohl ist reich an Folsäure. Diese ist wichtig für den Körper, denn er kann sie nicht selbst produzieren, sondern muss sie über Nahrung oder Nahrungsergänzungsmittel aufnehmen. Da Folsäure den Dopaminspiegel im Gehirn erhöht, verringert sie negative Gedanken und depressive Symptome. Und außerdem hält Blattgemüse dein Gehirn bis ins hohe Alter in Schuss!

203

Hör Musik und sing mit

Ist dir schon mal aufgefallen, wie gut du dich bei einem bestimmten Song fühlst, oder wie Lieder von früher eine Flut von glücklichen Erinnerungen auslösen? Das passiert, weil Musik ein super Gefühlsverstärker ist. Beim Musikhören werden Dopamine (unsere Lieblingsbotenstoffe) ausgeschüttet, und das macht uns glücklich. Außerdem wird durch das Mitsingen ein winziges Organ im Innenohr aktiviert, der Sacculus. Dieser ist mit dem Teil des Gehirns verbunden, der Freude registriert und sorgt somit dafür, dass du dich glücklich fühlst, egal, wie gut du singen kannst!

204

Hör auf zu quengeln

Wenn wir jemandem über längere Zeit mit etwas in den Ohren liegen, kommt dabei selten etwas Gutes heraus. Nicht nur, dass es meistens nicht wirklich etwas bringt, wir fühlen uns währenddessen auch noch schlecht und gemein. Also lass es sein und deine Laune wird sich schlagartig bessern! Wenn du Hilfe brauchst, wende nettere, überzeugendere Mittel an, um sie zu bekommen. Oder erledige die Sache einfach gleich selbst. Oft ist es effektiver, etwas direkt anzusprechen und jemanden (einmal!) zu fragen, ob er eine Aufgabe übernehmen kann, als ihm damit pausenlos auf den Wecker zu fallen. So fühlt ihr euch beide besser.

205

Trinke grünen Tee

Grüner Tee hilft erwiesenermaßen gegen Stress. Tatsächlich zeigte eine Studie, das Menschen, die täglich fünf oder mehr Tassen grünen Tee trinken, zwanzig Prozent weniger Stress haben als andere, die nur eine Tasse davon zu sich nehmen. Ein zusätzlicher Vorteil dieser Teesorte ist, dass sie beim Abnehmen unterstützt und Herzkrankheiten, Bluthochdruck, bestimmten Krebsarten sowie Osteoporose vorbeugt. Also trink reichlich grünen Tee und sei glücklich und gesund!

206

Geh (manchmal) wütend schlafen

Studien zeigen, dass es nicht wirklich hilfreich ist, bei jeder Unannehmlichkeit seinen Ärger zu äußern. Tatsächlich verstärken sich schlechte Gefühle, wenn man ihnen bei jeder Kleinigkeit Luft macht, während die Wut eher verraucht, wenn man ihr keine Stimme gibt. Also vielleicht versuchst du mal, wütend ins Bett zu gehen. (Natürlich nur, wenn die Lage gerade nicht total kritisch ist.) Beim Aufwachen fühlst du dich dann schon wieder besser und glücklicher.

207

Sei tough

Die glücklichsten Menschen sind nicht immer die, die gewinnen, sondern eher die, die nicht aufgeben, wenn sie verlieren. Wenn also etwas schiefläuft, bleib gelassen und sei tough. Selbstmitleid bringt dich nicht weiter und wird auch nicht zu langfristigem Glück führen. Glaub an dich, box dich durch und bleib stark.

208

Sei beschäftigt, aber hetze dich nicht ab

Sich abhetzen oder gehetzt fühlen ist eine Einbahnstraße zum Unglück. Beschäftigt und produktiv sein erzeugt dagegen Glücksgefühle. Es stimmt: Langeweile kann erdrückend und belastend sein. Dennoch ist genug Freizeit wichtig. Versuche also, ein erfülltes Leben zu führen und dabei ein Tempo einzuhalten, das zu dir passt.

209

Such die Schuld nicht bei anderen

Menschen machen Fehler: Lieferanten halten ihre Fristen nicht ein, Partner vergessen ein wichtiges Datum und so weiter. Das alles kommt vor. Aber trotzdem bringt es nichts, andere für Probleme in deinem Leben verantwortlich zu machen. Außerdem bist du womöglich teilweise selbst daran schuld. Vielleicht hast du etwas nicht klar genug kommuniziert oder es deinem Gegenüber nicht ausführlich genug erklärt. Oder du hast von jemandem einfach zu viel verlangt. Die Verantwortung zu übernehmen, wenn etwas danebengeht, anstatt die Schuld bei anderen zu suchen, ist überhaupt kein Zeichen von Schwäche! Tatsächlich macht es dich stärker, weil du so aus deinen Fehlern lernen kannst. Das macht klüger. Und wenn du klüger mit dem Leben umgehst, bist du auch glücklicher.

210

Halte dein Ego klein

Wenn unser Ego verletzt wird und wir sauer sind, entsteht destruktive Energie. Diese führt oft dazu, dass wir andere angreifen, worauf unser Gegenüber dann wiederum Kontra gibt. In einem Zustand von ständigem Wettstreit zu leben, schadet nicht nur dir, sondern auch den Menschen um dich herum. Das Ego beurteilt gerne andere Leute – es möchte sie nach ihrem Äußeren, nach gesellschaftlichem Status oder anderen bedeutungslosen Maßstäben bewerten. Ihm gefällt es, Leute in Gewinner und Verlierer einzuteilen. Aber diese Gefühle trennen dich von deinen Mitmenschen, sie isolieren und machen dich verbittert und einsam. Deshalb solltest du das ständige Gequengel deines Egos besser ignorieren. Genieße stattdessen lieber das Leben und akzeptiere andere so, wie sie sind.

211

Verwende Zahnseide

Kann das Benutzen von Zahnseide glücklich machen? Ja, durchaus. Schließlich geht es dabei letztendlich um Körperpflege und Selbstachtung. Du weißt, dass die Verwendung von Zahnseide wichtig für deine Mundgesundheit ist und einer Vielzahl von schlimmen Symptomen vorbeugt, von schlechtem Atem bis zu Zahnfleischerkrankungen. Aber seien wir ehrlich: Du benutzt fast nie Zahnseide, oder? Wenn es dir schwerfällt, etwas so Einfaches (und Wichtiges!) wie das regelmäßig zu tun, dann sorgst du höchstwahrscheinlich in anderen Lebensbereichen auch nicht gut genug für dich. Kümmere dich um deine Gesundheit und dich selbst, indem du beispielsweise Zahnseide benutzt, und du wirst merken, dass du anfängst, dich selbst wichtiger zu nehmen.

212

Schreib Tagebuch

Führ ein Tagebuch und schreib konsequent täglich etwas hinein. Wenn du nichts Besonderes zu berichten hast, notiere einfach, wie dein Tag war, oder Dinge, die dich glücklich oder dankbar machen. An manchen Tagen wird dir viel und an anderen nur wenig einfallen, aber bleib auf jeden Fall dran. Ein Tagebuch kann auch als Zeugnis erreichter Erfolge und Ziele dienen und beweisen, dass du bereits in der Vergangenheit Probleme überwunden hast. Wenn du es später liest, liefert es dir Inspiration und Motivation. Außerdem hat das Niederschreiben der eigenen Gefühle oft eine heilsame Wirkung und ist besser, als sie in sich hineinzufressen.

213

Lies etwas über ein dir unbekanntes Thema

Der Mensch hat ein natürliches Bedürfnis danach, voranzukommen und neue Dinge zu erlernen, denn es macht unter anderem selbstbewusster und eigenständiger. Zudem fördert es die Kreativität: Lernt man auf einem Gebiet etwas dazu, kann man dadurch möglicherweise Verbindungen zwischen scheinbar zusammenhanglosen Dingen herstellen. Mit anderen Worten: Etwas Neues über ein Thema zu lernen ermöglicht dir vielleicht eine andere Sichtweise auf das, was in deinem Leben passiert. Und da es außerdem deine Fähigkeiten und dein Wissen erweitert, verschafft es dir auch eine Art Befriedigung und stärkt das Selbstwertgefühl.

214

Mach dir für jeden Tag einen Plan

Du brauchst nicht jede Minute des Tages im Voraus durchzuplanen – denn das würde dir tatsächlich viel mehr Stress und Sorgen bereiten, als dich glücklich zu machen. Du solltest aber versuchen, deinen Arbeitsalltag so effizient wie möglich zu nutzen, um dich in deiner Freizeit entspannen und sie in vollen Zügen genießen zu können. Teile dazu den Tag in mehrere kurze Zeitabschnitte ein. Zum Beispiel: Eine Stunde arbeiten, dann zehn Minuten Pause, eine weitere Stunde Arbeit, dann eine halbe Stunde Pause usw. Da sich das Gehirn nicht länger als ein paar Stunden am Stück konzentrieren kann, lässt sich so die Produktivität verbessern.

215

Arbeite nicht zu viel

Überarbeitung macht wohl kaum glücklich. Es ist nichts, worauf man stolz sein oder womit man prahlen kann. Niemand denkt am Ende seines Lebens: »Hätte ich mich doch damals besser auf die Präsentation vorbereitet!« In Wirklichkeit ist bei Arbeitnehmern, die mehr als elf Stunden täglich arbeiten, das Risiko an Depressionen zu erkranken höher als bei denen mit einem durchschnittlichen Sieben- bis Achtstundentag. Willst du wissen, was zu viel Arbeit mit dir macht? Sie macht dich krank, nervös, unausgeglichen, lustlos, und weniger klug. Einer Studie der Yale University zufolge, die MRT-Aufnahmen auswertete, haben Berufstätige, die sich regelmäßig ausgelaugt fühlen, ein kleineres Gehirnvolumen als ihre weniger ausgelasteten Kollegen.

216

Mach dir weniger Sorgen

Wir sind eine Gesellschaft der Bedenkenträger – doch die meisten schlimmen Ereignisse, vor denen wir uns fürchten, treten in Wirklichkeit gar nicht ein. Wir haben Angst davor, was passieren könnte (oder nicht) hinsichtlich bestimmter Dinge, die wir weder jetzt noch später ändern können, und davor, was andere Leute über uns denken. Wir machen uns Sorgen und zögern und das bewirkt letztendlich, dass wir ewig über etwas nachdenken, anstatt es einfach zu *tun*. In der Zwischenzeit vergehen Wochen, Monate, ja sogar Jahre und wir machen uns immer noch Sorgen und sind unglücklich. Willst du glücklicher sein, dann schieb Angst und Zweifel beiseite und tu etwas! Beginne mit etwas, mach den ersten Schritt. Das einzige, worüber du dir wirklich Sorgen machen solltest, ist, dass du deine Zeit und dein Leben verschwendest und dir deine Träume nicht erfüllst.

217

Gib ruhig zu, wenn du keine Ahnung hast

Niemand will für dumm gehalten werden, und vielleicht denkst du, dass es einfacher ist, zu nicken oder zu sagen, dass du etwas verstanden hast. Aber in Wirklichkeit stehst du dümmer da, wenn du so tust, als hättest du etwas verstanden, als wenn du nachfragst. Am Arbeitsplatz, in einschüchternden Situationen oder überlegenen Personen gegenüber kann es schwierig sein zuzugeben, dass man etwas nicht weiß. Oftmals mogelt man sich dann vielleicht durch das Gespräch, kommt jedoch irgendwann an einen Punkt, an dem man keine Antwort mehr weiß. Natürlich kannst du dann vorgeben, eine zu haben. Aber damit riskierst du nur, später zur Rede gestellt oder mit einer Situation konfrontiert zu werden, der du nicht gewachsen bist. Die andere Möglichkeit ist zuzugeben, dass du keine Ahnung hast. Wenn du ehrlich sagst, dass du etwas nicht weißt oder nicht verstanden hast, wird dir das Glaubwürdigkeit verleihen. So steigt die Wahrscheinlichkeit, eine gute Erklärung oder mehr Zeit zu bekommen, um dir eine Lösung zu überlegen.

218

Spiel mit einem Haustier

Spiel mit deinen Haustieren! Geh jeden Tag mit deinem Hund Gassi oder spiel eine Weile mit deiner Katze. Genieß die bedingungslose Liebe und Freude, die die Fellnasen dir schenken! Sich um Tiere zu kümmern und für sie zu sorgen macht außerdem zufrieden. Schließlich brauchen sie ständige Pflege und Aufmerksamkeit, und in der Lage zu sein, ihnen das zu geben, verschafft dir Selbstbestätigung. Du hast kein Haustier? Dann sprich doch auf der Straße einen Hundebesitzer an und frag, ob du seinen Vierbeiner streicheln darfst, oder schau dir im Internet Tiervideos an. Laut einer vor kurzem durchgeführten Studie gibt schon das Anschauen von Katzenvideos neue Energie und verstärkt Glücksgefühle.

219

Mach jemandem ein Kompliment

Es gibt viele Möglichkeiten, jemandem ein Kompliment zu machen und damit euch beiden zu Glück zu verhelfen. Dabei entstehen nicht nur positive Gefühle, es festigt auch das zwischenmenschliche Vertrauen. Außerdem steigt die Wahrscheinlichkeit, dass dein Gegenüber dir ebenfalls etwas Nettes sagt, wodurch du dich wiederum besonders fühlst. Natürlich solltest du nicht nur deswegen Komplimente verteilen. Aber ein guter Grund ist die Kettenreaktion, die dadurch ausgelöst wird, die Meinungen verändern sowie die Beziehungen deiner Arbeitskollegen und Freunde untereinander verbessern kann.

220

Sei immer freundlich

Behandle jeden gleich, dem du begegnest. Sei nicht zu deinem Chef netter als zum Praktikanten. Und behandle nicht deine Kollegen höflich und respektvoll, nur um dann zu Hause den Frust an deinem Schatz oder dem Rest der Familie auszulassen. Wenn du immer freundlich bist, fühlen sich andere nicht nur wohler mit dir – denn durch die Gleichbehandlung wirkst du auf andere fair und aufgeschlossen –, du selber wirst auch weniger kritisch und voreingenommen.

221

Sei in den kleinen Momenten da

Es ist wichtig, dass wir bei wichtigen Ereignissen im Leben der Menschen, die uns etwas bedeuten, für sie da sind: etwa bei Hochzeiten, Geburten, Beerdigungen oder am ersten Schultag. Aber wenn du darüber hinaus auch bei kleineren Anlässen dabei bist, zeigst du ihnen damit wirklich, dass du sie gern hast. Dein Freund hatte bei der Arbeit einen schlechten Tag? Schnapp dir eine Flasche Wein für euch beide und hör dir seine Sorgen an. Deine Nichte hat Probleme in der Schule? Geh mit ihr ein Eis essen und überleg dir mit ihr zusammen eine Lösung. Es sind die scheinbar kleineren Ereignisse im Leben, die uns wirklich formen, also sei in diesen Momenten bei deinen Lieben. Sie werden es nicht vergessen.

222

Hör auf, »Mir geht's gut« zu sagen

»Mir geht's gut«, »Alles läuft gut«, »Uns geht's gut.« »Gut« ist eines der überstrapaziertesten und bedeutungslosesten Wörter, die heutzutage verwendet werden. Du solltest nie »gut« sagen, wenn dich jemand fragt, wie es dir geht. Stattdessen nimm dir ein paar Sekunden Zeit und überlege, wie du dich fühlst, und gib dann eine angemessene Antwort. Sag zum Beispiel: »Mir ist langweilig«, »Ich bin nervös« oder »Es geht mir super.« Gib keine Allerweltsantwort, sondern denk ein bisschen über deine Gefühle nach. Wer weiß? Vielleicht kommt so dein Gegenüber auf die Idee, auch mehr über seine eigenen nachzudenken!

223

Sei weniger lang genervt

Manchmal gehen uns Leute gewaltig auf den Wecker. So ist das Leben nun mal, und der anschließende Frust ist eine normale Reaktion, über die wir oft keine Kontrolle haben. Aber was wir sehr wohl kontrollieren können, ist die Zeit, für die wir uns von diesem Gefühl beherrschen lassen. Sei nicht allzu lange wütend oder beleidigt. Das führt nämlich nur in eine negative Richtung, eine, die deine Wut noch weiter wachsen lässt. Stattdessen sei ruhig erstmal angenervt und nimm zur Kenntnis, dass man dir unrecht getan hat, aber dann hak die Sache ab. Schließlich vergiftet angestaute Wut nur dein Glück.

224

Sei nicht dauernd online

Soziale Medien sind tolle Dienste, die uns mit der Welt verbinden. Das Problem ist jedoch, dass sie uns oft auch davon abhalten, im wirklichen Leben mit anderen zu kommunizieren. Das heißt nicht, dass du ab sofort ganz auf deinen E-Mail-Account, Twitter, Facebook, Instagram, Tumblr und Co verzichten sollst, aber check die Plattformen einfach ein paar Mal am Tag und das war's. Wenn andere dich wirklich kontaktieren wollen, können sie schließlich auch einfach anrufen. (Du weißt schon, die andere Funktion deines Smartphones!)

225

Unterbrich andere nicht

Jemanden zu unterbrechen ist nicht nur unhöflich, es sendet auch die Botschaft, dass dich dein Gegenüber nicht interessiert. Dadurch teilst du ihm mit: »Du bist mir nicht wichtig genug, um dir richtig zuzuhören – ich höre nur zu, bis ich mir überlegt habe, was ich als Nächstes sagen werde.« Hör genau zu, was dein Gesprächspartner dir sagt. Anstatt nur über eine passende Erwiderung nachzudenken, konzentrier dich auf das, was er dir vermitteln will, und versuche seinen Standpunkt zu verstehen. Stell Fragen zu dem, was er sagt. So fühlt sich dein Gesprächspartner wertgeschätzt und im Gegenzug bist du glücklicher, weil du dir die Zeit zum Zuhören genommen hast.

226

Miste aus

Wahrscheinlich hast du schon mal gehört, dass Konsum nicht glücklich macht. Trotzdem kaufen wir alle immer mehr Dinge. Die Anhäufung von Besitz führt aus vielen Gründen nicht zu Zufriedenheit: Er ist vergänglich, will gepflegt werden und man muss sich Sorgen machen, dass er beschädigt oder gestohlen werden könnte. Außerdem: Egal, wie viel man besitzt, irgendjemand hat immer noch mehr. Also versuch nicht, dir durch immer neue Dinge Glück zu erkaufen, sondern probier es mal mit weniger Sachen. Wandle deine Konsumwünsche in das Streben nach Zielen um, die langfristiger sind.

227

Räche dich nicht an anderen

Wenn uns jemand übel mitspielt, ist unsere erste Reaktion oft, dass wir einen Plan aushecken, wie wir der anderen Person genauso wehtun können. Oft glauben wir sogar, dass dadurch unser eigener Schmerz abnimmt. Aber in Wirklichkeit bringt Rache keinen Ausgleich, sondern lässt den Schmerz nur weiterhin bestehen. Es gibt den bekannten Spruch: »Wer auf Rache aus ist, der schaufle zwei Gräber.« In ihm liegt viel Wahres, denn indem du dich an jemandem rächst, schadest du auch dir selbst. Versuche über der Sache zu stehen und hak sie ab. Lass dich von deinen negativen Gefühlen nicht kleinkriegen.

228

Sprich mit einem Kind

Das alte Sprichwort »Kindermund tut Wahrheit kund« ist noch wahrer, als du vielleicht denkst. Rede häufiger mal mit einem kleinen Menschen unter sieben. Du wirst feststellen, dass so jemand über große Lebensfreude, eine erfrischende Einstellung und eine gar nicht dumme Meinung dazu verfügt, was es zum Glücklichsein braucht. Willst du lernen, wie man einen Tag in vollen Zügen genießt? Dann sprich mit einem Kind und verstehe die einfachen Freuden des Lebens.

229

Rede mit Senioren

Willst du die Welt und die Wunder der Zeit wirklich zu schätzen lernen? Dann sprich mal mit einem älteren Menschen. Er hat selbst erlebt, wie die Welt sich verändert, und das nicht nur in puncto Technik und Komfort, sondern auch bezogen auf die Schrecken des Kriegs und geschichtsträchtige Momente. Senioren sind in der Lage, dir neue Sichtweisen und ein riesiges Wissen zu vermitteln, das du dann vielleicht sogar auf dein eigenes Leben anwenden kannst.

230

Häng nicht in der Vergangenheit fest

Die Vergangenheit ist etwas Wertvolles: Sie birgt kostbare Erinnerungen und lehrt uns so manches. Lerne aus ihr und aus deinen Fehlern – und dann lass sie los. Wenn etwas Schlimmes passiert, sieh darin eine Chance, dazuzulernen. Tut dir jemand Unrecht, dann betrachte es als Gelegenheit, nachsichtig und verständnisvoll zu sein. Deine Vergangenheit ist nicht das, was dich ausmacht. Stell sie dir als Übung vor, die dich Dinge lehrt, sodass du nicht zweimal denselben Fehler begehst. Halte nicht an negativen Erinnerungen fest und leb nicht mit den Schmerzen alter Wunden. Sieh nach vorn!

231

Beginne mit kleinen Schritten

Du fühlst dich schnell überfordert und gibst positive Veränderungen wieder auf, obwohl du gerade erst damit angefangen hast? Versuch nie, bei einer großen Veränderung alles auf einmal umzustellen, denn das funktioniert nicht. Ein bedeutsamer Wandel des Lebensstils sollte mit kleinen, grundlegenden Schritten beginnen. Wenn du zu viele Dinge auf einmal tust, wirst du bald frustriert sein, die Veränderung bereuen und sie letztendlich ganz sein lassen. Fang stattdessen mit einfachen Dingen an und füge nach und nach weitere hinzu.

232

Akzeptiere, dass manche Leute dich nicht mögen

»Was andere Leute über dich denken, ist nicht dein Problem.« In diesem Satz steckt viel Wahres: Das Urteil anderer sollte keinen Einfluss auf dein Leben haben. Manche Leute werden dich nie mögen, egal, was du tust. Also hat es keinen Sinn, sich zu verbiegen, nur um ihre Erwartungen zu erfüllen. Sei du selbst, äußere deine Meinung, wie du es für richtig hältst, und fühl dich wohl in deiner Haut. Wenn andere dich nicht wertschätzen, ist das ihr Problem, nicht deins.

233

Erweitere dein Wissen

Lernen spielt erwiesenermaßen für unsere Gesundheit und Lebensdauer eine entscheidende Rolle. Das Tun und Erlernen von neuen Dingen steigert Wohlbefinden und Glück enorm. Finde etwas, womit du dich schon immer so richtig auskennen wolltest, und erforsche es! Lerne, wie es funktioniert, wo es herkommt, was es tut, eben alles, was es darüber zu wissen gibt. Erweitere deinen Horizont, und das nicht nur oberflächlich – beschäftige dich wirklich intensiv mit der neuen Sache. Dein Geist und deine Laune werden es dir danken.

234

Steck dir wichtige Ziele

Was willst du mit deinem Leben machen? Wenn du mit deiner Arbeit und Zukunft zufriedener sein willst, finde etwas, wonach du streben kannst, das für dich wirklich Bedeutung hat. Ganz egal, was dein Vorhaben ist oder wie ehrgeizig es sein mag, laut Wissenschaftlern verfolgen Menschen ihre Ziele mit mehr Freude, wenn sie eine persönliche Bedeutung für sie haben. In dem Wissen, dass deine Arbeit einen positiven Einfluss auf andere oder deine Umwelt hat, wirst du diesen Weg glücklicher gehen.

235

Halte anderen keine Vorträge

Sicher, du hast bestimmt schon Großartiges in deinem Leben geleistet. Und ja, du magst auch eine tolle Ausbildung oder viel Erfahrung haben. Aber weißt du was? Nichts davon macht dich klüger, besser oder kompetenter als andere. Es macht dich nur einzigartig. Je mehr wir lernen oder erreichen, umso häufiger glauben wir, alles zu wissen – und anderen sagen zu müssen, was sie tun sollen. Aber jemandem einen Vortrag zu halten ist in Wirklichkeit nur eine Art, ihn zu beurteilen. Du teilst ihm dadurch mit, dass er dir aus deiner Sicht unterlegen oder weniger intelligent ist. Zwar wird er dir vielleicht zuhören, aber deinen Rat sicher nicht befolgen. Vorträge halten hinterlässt selten ein gutes Gefühl, sondern schmälert dein Glück.

236

Liebe jemanden

Eine jahrzehntelange Studie an der Harvard University kam zum Schluss, dass die Fähigkeit, einer anderen Person nahe zu sein, eine der wichtigsten Faktoren in Bezug auf Gesundheit und Glück ist. Die Probanden, die beziehungsunfähig waren oder Angst vor Intimität hatten, gehörten zu den unglücklichsten. (Natürlich treffen diese Ergebnisse nur auf »rationale« Liebe zu, und nicht auf unerwiderte, missbräuchliche, obsessive oder schädliche.) Also such dir jemanden, den du lieben und respektieren kannst und der dasselbe für dich empfindet. Zeig der Person deine Zuneigung, küsse und knuddle sie oft und mache ihr Komplimente. Teile deine Sorgen, Erfolge, Ängste und Träume mit ihr. Die Erfahrung zeigt, dass eine gute, solide Partnerschaft nicht nur glücklicher macht, sondern auch für ein längeres Leben sorgen kann.

237

Gib weniger aus als du verdienst

Viele Leute sehen etwas, das sie haben wollen, und kaufen es sich sofort. Doch wenn man das ständig tut, häuft man irgendwann Schulden an. Leb nicht über deine Verhältnisse. Denn dies ruft erwiesenermaßen Stress und Ängste hervor und führt zu Konflikten in Beziehung und Familie. Die Ausgaben geringer zu halten als die Einnahmen, ist in unserer von materiellen Werten bestimmten Gesellschaft nicht immer leicht. Aber das sichere, beruhigende Gefühl, das durch Schuldenfreiheit entsteht, wird dich sicher glücklicher machen als eine Neuerwerbung es jemals könnte.

238

Guck in die Sterne

Zu einem Himmel voller Sterne aufsehen hilft nicht nur dabei, ruhiger und ausgeglichener zu sein, es lässt dich auch eine andere Perspektive einnehmen. Denn indem du die ungeheure Weite des Weltalls auf dich wirken lässt, erhältst du eine neue Sichtweise auf das Leben und deine Probleme – und du entdeckst die Schönheit der Natur. Außerdem kann das Sternegucken auch eine Art Meditation sein: Die friedliche Stille beim Betrachten der Himmelskörper beruhigt und hilft, den Stress des vergangenen Tages zu vergessen. Darüber hinaus ist die im Freien verbrachte Zeit, selbst wenn es nur zwanzig Minuten sind, ein zusätzlicher Glücksbooster.

239

Sei nicht unglücklich, dass du unglücklich bist

Kummer ist ein Teil des Lebens. Es ist eben nicht immer nur schön und irgendwann bist du auch mal unglücklich, verletzt oder deprimiert. Das ist ganz natürlich, jeder Mensch macht solche Erfahrungen. Das Wichtige dabei ist, dass du dir dann für deinen Gemütszustand nicht auch noch selbst Vorwürfe machst. Dich schlecht zu fühlen oder zu schämen, weil es dir mies geht, bringt dich nicht weiter. Tatsächlich werden diese zusätzlichen negativen Gedanken dich nur noch mehr fertigmachen. Erkenn stattdessen deine Gefühle an – sie sind nichts, was dir peinlich sein müsste. Indem du den Schmerz und die Schwierigkeit einer Situation akzeptierst, hilfst du dir selbst, sie zu überstehen und zurück auf den Weg zum Glück zu gelangen.

240

Mach dir das Leben so einfach wie möglich

Wenn man sowieso schon gestresst und unglücklich ist, macht ein schwieriges, hektisches Leben das Ganze nur noch schlimmer. Drösle deshalb auseinander, was deinen Tag kompliziert macht, und finde Lösungen, die alles vereinfachen. Braucht deine Familie wirklich mehr als ein Auto? Musst du unbedingt mehrere Kreditkarten haben? Mehr zu besitzen bedeutet nicht automatisch auch mehr Freiheit oder Glück – tatsächlich schränkt es in vielen Fällen diese Vorzüge sogar ein. Der Grad an Wohlstand spiegelt nicht unbedingt auch die Lebensqualität wider. Also mach dir das Leben leichter und der Alltagsstress wird abnehmen.

241

Betrachte alles von der positiven Seite

Stehaufmännchen sind auf lange Sicht glücklicher als andere Menschen. Zwar erleiden wir alle manchmal eine Niederlage, aber Leute, die selbst schlimmen Situationen noch etwas Gutes abgewinnen können, stecken so etwas meistens besser weg und haben anschließend wieder Erfolg. Wer sich nicht auf seinen verletzten Stolz, sondern auf Verbesserungsmöglichkeiten konzentriert, der kann an seinen Erfahrungen wachsen, anstatt sich von ihnen kleinkriegen zu lassen. (Das kannst du erreichen, indem du beispielsweise etwas Angenehmes tust oder den Tag von der positiven Seite betrachtest.) Suche also nach etwas, was selbst an deinem Misserfolg positiv ist, und werde so zu einem gefestigteren, glücklicheren Menschen.

242

Versuche, die Sache von beiden Seiten zu sehen

Wende bei Konflikten und Meinungsverschiedenheiten mit anderen regelmäßig Konfliktlösungstechniken an. Willst du zum Beispiel bei einem Streit vermitteln, so tue es auf eine ruhige, durchdachte und respektvolle Weise. Sei freundlich, empathisch und verständnisvoll. Hör dir beide Seiten an und signalisiere deinen Wunsch nach einer konstruktiven Lösung. Um deine Gesprächspartner zu überzeugen, dass du ihr Problem wirklich verstanden hast, musst du es möglicherweise zunächst neu formulieren oder in eigenen Worten wiedergeben. Gewinne anschließend beide Parteien dafür, den Streit beilegen zu wollen. Sprich immer mit ruhiger Stimme und vermeide Konfrontation und Aggressivität. Ist dann die optimale Lösung gefunden, können wieder Frieden und Glück einkehren.

243

Schreib die Schritte zu deinem Ziel auf

Überleg dir fünf Dinge, die unbedingt notwendig sind, damit du ein bestimmtes Ziel erreichst. Dann schreib sie auf Klebezettel oder Karteikarten und platziere sie dort, wo du sie sehen und über sie nachdenken kannst. Träumst du zum Beispiel davon, eine eigene Firma zu gründen? Dann solltest du alles Wichtige über das Produkt und potentielle Kunden in Erfahrung bringen, einen Geschäftsplan und genug Kapital haben, den angemessenen Preis für das Produkt kalkulieren und so weiter. Das Wissen, was du zum Erreichen deines Ziels brauchst, hilft dir dabei, deine Träume tatsächlich zu verwirklichen.

244

Nimm ein Video von deinen Verwandten auf

Bevor deine Eltern, Großeltern, Großtanten oder Großonkel noch älter werden, frag sie, ob du eine Unterhaltung mit ihnen aufnehmen darfst. Führe das Gespräch in einem lockeren Ton und fang mit einfachen Fragen an, die sich als Einstieg in ihre Geschichte eignen: In welcher Stadt/welchem Dorf wurdest du geboren? Wer waren deine Eltern? Welche Berufe hatten sie? Dann stell Fragen mit offenem Ende: Kannst du mir von deinen ersten Erinnerungen erzählen? Wie war es für dich, in deiner Stadt aufzuwachsen? Stell zum Beispiel Fragen über bestimmte Abschnitte in ihrem Leben, wie ihre Kindheit, Jugend, das mittlere Lebensalter und den Ruhestand. Sind diese Erinnerungen einmal aufgenommen, so kannst du sie auch noch nach dem Tod des jeweiligen Familienmitglieds wiederaufleben lassen und dich darüber freuen, dass du dir damals die Zeit für das Video genommen hast.

245

Such dir einen Mentor

Ein Mentor kann dich möglicherweise im Job auf die Überholspur bringen oder deiner Karriere ordentlich Aufschwung geben. Schon allein, dass du jemanden fragst, ob er dich unterstützen kann, signalisiert anderen, dass du gern vorankommen willst und vielleicht sogar zu den Overachievern gehörst. Solltest du für deinen Job besondere Fähigkeiten benötigen, dann such dir ruhig mehrere Coaches, einen für jeden Bereich. Manche Karriereberater sind der Meinung, dass ein schneller beruflicher Aufstieg ohne sie gar nicht möglich ist. Außerdem ist es super, bei der Verwirklichung der eigenen Träume Verbündete zu haben. Und dazu kommt noch, dass sowohl die Protégés als auch die Mentoren von solchen Beziehungen profitieren.

246

Melde dich auf einer Dating-Plattform an

Wenn du dich einsam fühlst und dich das unglücklich macht, dann unternimm etwas dagegen. Besuche ein paar Online-Dating-Plattformen und finde heraus, welche Leute sich dort anmelden und was die Aufnahmekriterien sind. Such dir zwei oder drei aus, auf denen du potentielle Partner finden könntest. Zwar geht es beim Daten heutzutage immer noch darum, neue Menschen kennenzulernen, doch durch die Dating-Plattformen wird es leichter, potentiell passende Partner zu finden, weil man genau angeben kann, wonach man sucht. Mit etwas Glück lernst du dabei total nette Leute kennen!

247

Probier ein neues Gericht oder Getränk

Probier auf deiner nächsten Reise ins Ausland ein traditionelles Gericht. Finde ein kleines Restaurant, das Tapas, Mezze oder kleine Vorspeisen anbietet, und probiere sie alle. Während du in England unbedingt in einem Pub ein Bier und einen »pub grub« zu dir nehmen solltest, lassen sich dagegen in Belgien oder der Schweiz die Geschmacksknospen hervorragend mit etwas leckerer Schokolade verwöhnen. Oder, für ein wirklich abenteuerliches Geschmackserlebnis, probier in Schottland ein bisschen Haggis oder in Nordspanien einen Teller eingelegte Schweinefüße. Egal wo du hingehst, frag immer die Einheimischen nach leckeren regionalen Spezialitäten. Falls du dir verreisen nicht leisten kannst, besuche mit einer Freundin ein Restaurant in deiner Nähe, das eine Küche anbietet, die du noch nicht kennst. Erkundige dich beim Kellner, was er empfehlen kann, und probiere dann dieses Gericht. Experimentiere und genieße!

248

Leg Geld für die Rente zurück

Spare Geld für deine Rente an: Eröffne ein Konto, auf das du monatlich oder jährlich eine gewisse Summe einzahlst. Vielleicht eignen sich für dich auch die Riester- oder Rüruprente, die betriebliche Altersvorsorge oder eine Lebensversicherung. Du solltest jedoch vorsichtig sein, in was du dein Geld investierst. Wenn du dich mit den Möglichkeiten (und den steuerlichen Rahmenbedingungen) nicht genau auskennst, lass dich lieber vom Finanzberater deines Vertrauens beraten. Durch fleißiges Sparen kannst du dir dann eines Tages als Rentner ein angenehmes Leben leisten.

249

Atme fünfmal tief ein und aus

Entspanne dich, indem du fünfmal tief in den Bauch ein- und wieder ausatmest, wie du es als Baby von Natur aus getan hast. Halte das Gedankenkarussell in deinem Kopf an und sei für ein paar Momente »einfach nur da«. Spüre das Jetzt, wie es sich ewig in unendlicher Vielfalt erneuert. Achtsamkeit bedeutet, sich des Moments bewusst zu sein, ohne darüber nachzudenken oder zu sprechen. Indem du Atem und Gedanken verlangsamst, wirst du ruhig und glücklich.

250

Nutze deine Verspätung für etwas Gutes

Wenn dein Zug nicht pünktlich kommt oder dein Flug Verspätung hat, nutze die Gelegenheit – hol Laptop oder Notizblock heraus und mach eine Liste mit positiven Dingen, die wegen der Verspätung passieren könnten. Betrachte die »gestohlene Zeit« als einen Segen, der dir zusätzliche Zeit für verschiedenste Dinge lässt. Zum Beispiel könntest du:

- jemanden anrufen
- Schreibkram erledigen
- einen Stadtplan studieren
- dir neue Abenteuer ausdenken
- ein paar Karten, E-Mails oder Posts schreiben

251

Werde ruhig

Denk mal darüber nach, was deine ersten Gedanken am Anfang eines Tages sind. Gehst du schon im Kopf hektisch deine To-do-Liste durch? Springen deine Gedanken von einem Thema zum nächsten, weil du mit jedem neuen Gedanken wieder etwas anderes verbindest? Bist du beim Aufwachen angespannt, wütend oder ängstlich, weil du Alpträume hattest? Wenn du eine dieser Fragen mit ja beantwortet hast, nimm dir noch vor dem Aufstehen zehn Minuten Zeit für ein geistiges Check-in. Atme tief ein und aus und sei dir dabei deines ganzen Körpers bewusst. Fühl dich fest in ihm verankert und sei ganz bei dir. Werde ruhig. Denke positive Gedanken. Blende die durch die Alpträume verursachten Gefühle aus und vergiss auch die Ängste, die mit dem vor dir liegenden Tag verbunden sind. Entspanne dich. Die Welt kann ruhig mal zehn Minuten warten.

252

Frag jemanden nach seinem Lebensziel

Wenn du schon mal jemanden gefragt hast, was sein Lebensziel ist, war die Antwort vielleicht ein leerer Blick und Schweigen. Das ist etwas anderes, als Menschen beispielsweise zu fragen, was sie beruflich machen. Sie gehen durchs Leben und wissen dabei sehr wohl, was sie jeden Tag machen – besonders an ihrem Arbeitsplatz – doch die Frage nach ihrem »Ziel« bringt sie meist durcheinander. Ein Ziel ist der Grund, aus dem man etwas tut oder weshalb er existiert. Man arbeitet, um Geld zu verdienen, aber es ist kein Lebensziel. Auf Ziele hinleben bedeutet viel mehr, als einen Job auszuüben. Denn Ziele haben meistens etwas mit Liebe, Mitgefühl, Bewusstsein, Ehrlichkeit, Sinn, Aufbruch oder Mut zu tun. Finde heraus, was dein eigenes Ziel ist, und dann unterhalte dich mit anderen über dieses Thema. Menschen sind am glücklichsten, wenn ihr Leben Sinn und ein Ziel hat.

253

Mach Werbung für dich selbst

Wenn du ein Hobby hast, dem du mit Leidenschaft nachgehst, sei es nun Kinderzimmer mit Wandbildern zu verzieren, aus Treibholz Schalen oder aus Zigarrenkisten Schreine herzustellen, erzähl deinen Freunden und anderen Interessierten von deinem letzten Projekt. So etwas spricht sich herum. Vielleicht zieht es Leute an, die deine Projekte sehen wollen oder sogar Geld für deine Dienste oder Produkte bezahlen. Poste Fotos von deinen Kreationen auf sozialen Plattformen. Man weiß nie, was für tolle Möglichkeiten sich für dich ergeben, wenn du deine falsche Bescheidenheit ablegst und stattdessen Werbung für dich und deine Leidenschaft für ein besonderes Hobby machst.

254

Werde Organspender

Indem du nach deinem Tod Organe spendest, kannst du jemandem das Leben retten. Einen Organspendeausweis bekommst du kostenlos in vielen Apotheken, Arztpraxen und Krankenhäusern sowie bei Krankenkassen. Oder bestell ihn online auf organspende-info.de. Sich als Organspender zu registrieren ist einfach und oft sowohl für Menschen, die um ihr Leben kämpfen, als auch für deren Familien von großer Bedeutung. Sei glücklicher in dem Wissen, dass nach dem Ende deines Lebens jemand durch die Organe, die du nicht länger benötigst, eine reelle Chance zum Überleben erhält.

255

Lies Kindern aus einem lustigen Buch vor

Wenn du gerne liest, lies doch mal Kindern etwas vor. Das geht überall: zu Hause, in einer Bücherei in deiner Nähe, in einer KiTa oder Grundschule, im Wartezimmer einer Arztpraxis oder eines Krankenhauses oder auch bei einer Kinderorganisation wie den Pfadfindern oder der KJG. Dabei solltest du lediglich darauf achten, dass das Buch auch wirklich für die jeweilige Altersgruppe geeignet ist. Wenn es sich um etwas Lustiges handelt, gibt es sicher viel Gelächter, sodass auch du lachen musst – das glückliche Lachen von Kindern ist nämlich ansteckend.

256

Lerne deine Nachbarn kennen

Wenn dir Nachbarn begegnen während du zum Beispiel mit deinem Hund Gassi gehst, grüße freundlich. Dann lade sie auf einen Kaffee ein, bei dem ihr euch näher kennenlernen könnt. Frag sie, was ihnen wichtig ist, welche Hobbys sie haben, was sie beruflich machen. Finde heraus, ob ihr gemeinsame Interessen habt. So kannst du zwischen euch eine Beziehung aufbauen, die von Anfang an freundschaftlich ist.

257

Fühl dich wohl mit dir selbst

Wertschätze das, was du im Leben erreicht hast, und deine besonderen Begabungen. So entdeckst du dein wahres Ich! Sei stolz auf deine Einzigartigkeit – verstecke sie nicht, nur um dich anzupassen. Zu unterdrücken, was an dir natürlich und gut ist, macht dich nur unglücklich. Sei stolz auf dich als Individuum.

258

Finde Leute, die zu dir passen

Menschen zu finden, die uns und unsere Ziele verstehen und uns unterstützen bzw. akzeptieren, macht auf eine besondere Art glücklich. Geh raus und finde Leute, die zu dir passen! Sieh dich in deiner Gemeinde, in Meetup-Gruppen vor Ort oder Facebook-Gruppen um, besuch spirituelle Zentren oder schließ dich Diskussionsgruppen an. In deiner Stadt werden sicher für beinahe jeden Interessenbereich Möglichkeiten angeboten. Vielleicht hast du mit einer Sucht zu kämpfen. Dafür gibt es Selbsthilfegruppen mit Leuten, die dasselbe durchgemacht haben und wissen, dass das Meistern deiner aktuellen Schwierigkeiten entscheidend dafür ist, die Sucht letztendlich zu überwinden. Das Schöne daran ist, dass du je nach Hobbys und Interessen zu mehr als einer Gruppe von Leuten gehören kannst. Finde ein paar Gleichgesinnte, die wirklich dein Herz berühren, und fühle, wie glücklich es macht, akzeptiert zu werden.

259

Nimm es mit Humor

Will man sich besser fühlen und mit Kummer fertig werden, sollte man am besten das Leben und sich selbst mit Humor nehmen. Auch mitten in einer Krise kann etwas Lustiges hilfreich sein. Niemand erwartet, dass du zu so einem Zeitpunkt Witze reißt, aber sich bei dem ganzen Leid ein bisschen Humor zu bewahren, verschafft zumindest etwas Erleichterung. Und wenn du damit auch andere zum Lachen bringst, umso besser.

260

Folge der Sechzig-Prozent-Regel

Perfektion ist schier unmöglich. Aber viele Leute streben so verbissen danach, dass es ihnen in Wirklichkeit nur schadet. Solltest du auch zu ihnen gehören, ist es an der Zeit, das zu überdenken. Denn laut der Sechzig-Prozent-Regel machst du schon alles richtig, wenn deine Freundschaften, Beziehungen und dein Arbeitsleben zu sechzig Prozent »perfekt« sind. Super, weiter so! Auf Perfektion zu pochen verursacht nur unnötig Stress und Ängste – akzeptiere stattdessen lieber das Unvollkommene und sei glücklicher.

261

Bitte um Hilfe

Bitte andere nicht nur um Hilfe, wenn du in einer Krise steckst. Tue es auch, wenn du auf ein Ziel hinarbeitest und dabei Unterstützung brauchst. Frage einen Freund oder Arbeitskollegen um Rat. So kannst du nicht nur vom Wissen der anderen Person profitieren, sie wird sich auch wertgeschätzt fühlen. Nutze ihr Wissen für dich und lass deine Träume Wirklichkeit werden.

262

Erkenne, dass Glück von innen kommt

Menschen machen ihre Hoffnungen oft von äußeren, von ihnen nicht kontrollierbaren Umständen abhängig oder unterschätzen die Macht, die sie selbst über ihr Glück haben. Doch vergiss nie, welchen Einfluss der Verstand darauf hat! Er kann dafür sorgen, dass man sich schlecht fühlt, obwohl man im Paradies lebt, oder dass es einem selbst in Krisenzeiten gut geht. Also mache deinen Verstand zu deinem besten Freund statt zu deinem Feind und heiße das Glück willkommen.

263

Rieche an etwas, das dich glücklich macht

Gerüche sind nicht nur bloße Wahrnehmung, sie sind Erinnerungen – denk zum Beispiel mal an den Schokoladenkuchen deiner Oma, wenn er frisch aus dem Ofen kommt, oder an den Blumenstrauß, den ein besonderes Date dir geschenkt hat. Da die olfaktorischen Rezeptoren direkt mit dem Emotionszentrum des Gehirns verbunden sind, rufen sie eine Flut von wohlig warmen Gefühlen hervor, die auf jeden Fall gute Laune machen. Finde deinen Lieblingsduft und schnuppere an etwas, das danach riecht. So steigerst du dein Wohlbefinden.

264

Stell dich deinen Herausforderungen

Herausforderungen sind Gelegenheiten zu wachsen und ein Schlüssel zum Glück. Ziele zu haben, die man erreichen will, hält davon ab, in eine Negativspirale zu geraten. Also probiere immer wieder neue Dinge aus (auch wenn du Angst davor hast). Finde etwas, das dir sinnvoll erscheint und dann strebe danach.

265

Vertiefe dich in ein Buch

Suche dir ein Buch aus, das dich jedes Mal, wenn du es liest, zum Lachen, Weinen oder Seufzen bringt. Mache es dir damit an einem ruhigen, sonnigen Plätzchen gemütlich und vertiefe dich in die Geschichte. Lass dich aus deinem eigenen Leben in seine Welt entführen. Teile Freud und Leid der Protagonisten und entfliehe für eine Weile deinen eigenen Problemen. Sicher, im wirklichen Leben kann man vor Schwierigkeiten nicht davonlaufen. Aber manchmal sorgt etwas Abstand durch eine gute Geschichte für bessere Laune und die dringend notwendige Atempause, um den Kopf wieder freizubekommen. Übrigens eignet sich hierzu dein Lieblingsfilm genauso gut!

266

Tu etwas Unerwartetes

Unser Gehirn hat Freude an neuartigen Ideen. Um dich zu ermutigen, sie in die Tat umzusetzen, schüttet es dabei immer Wohlfühl-Hormone aus. Routine bedeutet dagegen Stillstand. Also entfliehe doch mal dem Alltagstrott und hab ein bisschen Spaß! Probiere etwas aus, das du normalerweise nicht tun würdest und dann fühle den Glücksrausch. Vielleicht wolltest du schon immer Fallschirm springen, Kajak fahren oder in einem bestimmten Hotel am Strand übernachten – was es auch sei, geh es an!

267

Steh bei Sonnenaufgang auf

Die schönsten Momente des Tages vergehen oft, ohne dass man sie bemerkt. Dabei haben zum Beispiel Sonnenaufgänge etwas so Schönes und Friedliches! Versuche einmal früh morgens aufzustehen, hinauszugehen und dir einen anzusehen. Lausche dem leisen Zwitschern der Vögel, spüre den Wind auf dem Gesicht und beobachte, wie die ersten Sonnenstrahlen am Horizont auftauchen und mit ihrem Licht der Tag beginnt. Ein Sonnenaufgang kommt einer religiösen Erfahrung gleich – also lass ihn dir nicht entgehen. Sieh dir nur einmal einen an und du wirst merken, wie gut du dich den ganzen Rest des Tages fühlst.

268

Meide Streithähne

Manche Leute machen gerne Ärger. Sie mischen sich in Dinge ein, die sie nicht wirklich etwas angehen, und spielen anderen übel mit. Egal, ob sie damit Chaos stiften, ihren Mitmenschen auf die Nerven fallen oder einfach ihr Ego aufpolieren wollen, um sich überlegen zu fühlen – wenn dir etwas an deinem Glück liegt, dann solltest du um sie unbedingt einen Bogen machen. Schlechte Menschen haben das Bedürfnis, andere in ihre Negativspirale hineinzuziehen. Also gehe dem ganzen Ärger aus dem Weg und distanziere dich von ihnen! Lässt sich ein Gesprächspartner nicht von seiner Negativität abbringen, so beende die Unterhaltung einfach unter einem Vorwand und entziehe dich der Situation. Das ist vielleicht für einen kurzen Moment unangenehm, aber dein Glück sollte es dir wert sein.

269

Verbring einen Tag alleine

»Ich-Zeit« ist ein Konzept, das in unserer hektischen Welt langsam verloren geht, aber entscheidend für die geistige Gesundheit ist. Versuch mal, einen Tag ganz allein, ohne Familie, Freunde und Arbeitskollegen, zu verbringen. Obwohl diese Menschen wahrscheinlich alle nur dein Bestes wollen, verhindern sie häufig, dass du dein wahres Selbst kennenlernst. Verbringe einen Tag mit Relaxen und deinen Lieblingsbeschäftigungen, iss Gerichte, die dich glücklich machen, und konzentriere dich ganz auf dich selbst und deine Ziele. Schalte Telefon und Handy aus. Wende der Welt mal den Rücken zu. Das ist gar nicht so schlimm, wie du vielleicht denkst! Tatsächlich wirst du dich durch die Stille, die das gelegentliche Alleinsein mit sich bringt, erfrischt und ausgeruht fühlen.

270

Tu etwas, das du als Kind geliebt hast

Nostalgie und das Schwelgen in Erinnerungen erzeugen so positive Gefühle, weil unser Gehirn sich auch daran erinnert, wie glücklich wir zu dem Zeitpunkt waren. Denke an etwas zurück, das du als Kind wirklich geliebt hast. Vielleicht Rollschuh fahren? Am Strand Sandburgen bauen? Eis essen gehen? Oder Verwandte besuchen? Was es auch sei, finde einen Weg, es zu wiederholen. Klar, es wird sich ein bisschen anders anfühlen als früher, schließlich bist du ja inzwischen älter und es ist etwas Zeit vergangen. Aber die Freude, die es dir bereiten wird, deine Lieblingserinnerungen wiederaufleben zu lassen, bleibt dieselbe. Wenn Kinder Dinge tun, die Spaß machen, sind sie nicht verlegen, gehemmt oder schüchtern, sondern genießen einfach die Fülle des Lebens. Also los, sei nochmal Kind! So kannst du das Glück von damals erneut empfinden.

271

Geh Veränderungen an

Wir alle haben etwas gegen Veränderungen, wenn dadurch die Bequemlichkeit unseres Lebens beeinträchtigt werden könnte. Diesen Widerwillen kannst du bekämpfen, indem du Veränderungen in kleinen Schritten vornimmst – es hilft schon, wenn es winzige sind. Sagen wir, es gibt etwas, das du dich bisher zu tun geweigert hast. Dann tue es einfach mal fünf Minuten lang. So lange kann man alles durchhalten, oder nicht? Laufe, male oder spiele fünf Minuten lang ein Instrument. Das Ziel davon ist, etwas an der Aktivität zu finden, das dir Spaß macht. Einer Beschäftigung, die du eigentlich hasst, kannst du zwar eine Weile lang nachgehen, aber du wirst niemals dranbleiben. Denn dazu müsstest du Freude an ihr haben. Deshalb solltest du an der Aktivität etwas entdecken – irgendetwas – das dich glücklich macht. Sobald du das geschafft hast, wird die Veränderung gelingen.

272

Reagiere mit ehrlichem Enthusiasmus

Dieser Glückstipp gründet darauf, dass man, wenn man andere glücklich macht, auch selbst glücklich wird. Denk immer dran: Es ist wichtig, ehrlich zu sein und aktive und konstruktive Antworten zu geben. Wir leben in einer Welt, in der die Menschen ihre Gefühle durch Emojis und Symbole ausdrücken, die in Wirklichkeit inhaltslos und nichtssagend sind. Wenn jemand dir also eine gute Neuigkeit mitteilt, dann sende eine aufrichtige Antwort, die zeigt, dass du wirklich interessiert bist und dich für die andere Person freust. So stärkst du deine sozialen Beziehungen und wirst von deinen Mitmenschen positiver wahrgenommen.

273

Setz dich selbst an die erste Stelle

In deinem Leben bist du selbst die einzige Person, die du wirklich kontrollieren kannst. Andere Menschen in deinem Umfeld beeinflussen dich und bringen dir Glück, Freude und Sicherheit, aber du hast keinerlei Macht über ihre Entscheidungen oder ihr Schicksal. Natürlich liebst du diese Menschen, tust vieles und bringst so einige Opfer für sie, wenn sie Hilfe brauchen. Doch steckst du selbst in einer Krise, dann solltest du dich erst einmal um dich kümmern. Konzentrier dich auf das, was du brauchst, um die Situation zu überstehen. Vielleicht kannst du gerade anderen nicht helfen. Das ist okay – du wirst beim nächsten Mal wieder für sie da sein. Wenn du deine Zeit aber damit verbringst, dich auf andere zu konzentrieren und dafür zu sorgen, dass es ihnen gut geht, vernachlässigst du die wichtigste Person in deinem Leben: dich selbst.

274

Ruf deine Mutter an

Oftmals sind wir mit unserem Leben so beschäftigt, dass wir die Menschen vergessen, die uns zu den unabhängigen und selbstsicheren Erwachsenen gemacht haben, die wir heute sind. Egal, wie alt du bist und wo du lebst, deine Mutter wird sich immer fragen, ob es dir gut geht. Also ruf sie doch einfach an! Ein richtiger Anruf, keine Nachricht oder E-Mail. Ruf sie an und lass sie deine Stimme hören. So zeigst du ihr, dass du sie liebst und wertschätzt und das gibt auch dir ein gutes Gefühl.

275

Mach ein Nickerchen

Senioren und Kleinkinder machen es genau richtig: An manchen Tagen ist ein Schläfchen nämlich einfach das Beste, was es gibt. Kehrt man mittags der Alltagshektik für einige Zeit den Rücken und legt sich hin, so gibt das neue Energie für Rest des Tages. Außerdem bekommen viele von uns nachts nicht genug Schlaf, also können wir alle etwas mehr Erholung gut gebrauchen! Selbst ein kurzer Power-Nap wirkt Wunder und rettet sowohl die Laune als auch den Tag.

276

Vergleich dich nicht mit anderen

Wer seinen Selbstwert auf dem Gefühl aufbaut, anderen überlegen zu sein, ist die meiste Zeit seines Lebens frustriert. Natürlich ist es verführerisch, die eigenen Leistungen mit denen anderer zu vergleichen. Wir alle tun das hin und wieder, um uns zu motivieren. Aber solche Vergleiche sind gefährlich, denn irgendjemand wird immer mehr Geld oder Besitz haben oder besser in etwas sein als wir. Das schafft einen Kreislauf aus Aussichtslosigkeit. Deshalb gilt: Je weniger du dein Leben und deine Leistungen mit denen anderer vergleichst, desto glücklicher wirst du sein.

277

Vertraue Fremden

Zu glauben, dass Leute darauf aus sind, einen übers Ohr zu hauen, verursacht nur unnötig Stress und Unbehagen. Wer ständig befürchtet, dass Kassierer ihm zu wenig Wechselgeld geben, Arbeitskollegen ihm die Schau stehlen wollen oder Bekannte hinter seinem Rücken über ihn tuscheln, kann nicht glücklich werden. Je mehr du jedoch verstehst, dass du anderen vertrauen kannst, desto zufriedener wirst du sein. Natürlich solltest du Leuten, die du nicht kennst, nicht blind vertrauen. Begegne ihnen aber mit einer positiven Einstellung und gib ihnen einen Vertrauensvorschuss.

278

Es hat nichts mit dir zu tun (nein, wirklich nicht)

Wir alle werden irgendwann in unserem Leben mit Zurückweisungen konfrontiert. Und ganz egal, ob wir am Arbeitsplatz oder im Privatleben abgelehnt werden, wir nehmen es häufig persönlich. Aber manchmal hat so etwas nicht wirklich viel mit uns als Individuum zu tun, sondern das Timing stimmt einfach nicht. Sicher, es kann frustrieren, wenn dein Chef die Idee ablehnt, an der du seit Monaten gearbeitet und gefeilt hast. Aber das kommt nun mal vor. Betrachte es eher als Gelegenheit, etwas zu lernen, anstatt als Zurückweisung von dir als Person. Denn du wirst erfolgreicher und glücklicher sein, wenn du dein Ego aus der Sache heraushalten und die Situation als das ansehen kannst, was sie ist.

279

Gib acht auf die guten Dinge

Wir streben ständig nach mehr und fügen unserem Leben neue Dinge hinzu. Doch das kann dazu führen, dass wir die guten Dinge, die wir bereits besitzen, aus dem Blick verlieren. Wenn dir etwas Gutes begegnet, solltest du darauf achtgeben. Du solltest es würdigen und voll auskosten. In unserem unablässigen Streben nach dem Besseren vergessen wir zu oft das Gute in unserem Leben. Wir sagen uns, dass wir nicht glücklich sein werden, bis dies oder jenes passiert und in der Zwischenzeit verlieren wir das, was wir schon erreicht haben. Also pass auf das auf, was du bereits hast und fühle das Glück, das es dir bringt.

280

Pflege deinen Körper

Körperliche Probleme können die seelische Verfassung beeinflussen. Solltest du im Moment Schmerzen irgendeiner Art verspüren, und seien es nur leichte, dann tue jetzt etwas dagegen: Lass dich massieren oder suche einen Physiotherapeuten oder Arzt auf. Sonst werden sie vielleicht mit der Zeit zunehmen und dich negativ beeinträchtigen. Verbanne die Schmerzen aus deinem Leben, damit es dir emotional besser geht.

281

Lass dich nicht so leicht ablenken

Hin und wieder sind Ablenkungen eine tolle Sache – durch sie können wir unsere Probleme einfach mal vergessen und relaxen, ohne dabei allzu viel nachdenken zu müssen. Wenn solche Zeitvertreibe aber derart überhand nehmen, dass man ihnen jeden Tag stundenlang nachgeht, anstatt die wirklich wichtigen Dinge in seinem Leben in Angriff zu nehmen, werden sie zum Problem. Videospiele, Internetartikel, Facebook-Posts und Co. mögen zwar unterhaltsam sein, aber bringen dir kein echtes Glück. Also beschäftige dich nur in Maßen mit ihnen und verschwende nicht zu viel wichtige Lebenszeit.

282

Steh zu deinem Äußeren

Den »perfekten« Körper gibt es nicht. Natürlich solltest du versuchen, so gesund wie möglich zu sein. Aber wenn du dich in deiner Haut wohlfühlst und mit deinem Leben zufrieden bist, dann lass dir das nicht von den Schönheitsidealen anderer Leute vermiesen. Keiner hat das Recht, dir zu sagen, dass du nicht hübsch bist oder hübscher sein könntest, wenn du dieses oder jenes tätest. Die einzige Meinung zu deinem Körper, die zählt, ist deine eigene. Solltest du selbst nicht ganz glücklich mit ihm sein, unternimm etwas, um das zu ändern. Aber nur, wenn du es wirklich möchtest.

283

Erwarte nicht, dass dir alles in den Schoß fällt

Es bringt nichts, immer passiv zu sein und darauf zu hoffen und zu warten, dass gute Dinge einfach durch Zufall passieren. Niemand, der vom Glück begünstigt wird, hat das zufällig erreicht. Wenn du also willst, dass dein Leben eine positive Wendung nimmt, so musst du in der Welt eine aktive Rolle übernehmen. Sei dankbar für das, was du hast, und wertschätze alle deine Leistungen, aber strebe stets danach, das Beste aus dir zu machen.

284

Sieh die Zukunft mit Optimismus

Keiner von uns weiß, was die Zukunft bringt. Aber wenn es dir gelingt, ihr und deiner Fähigkeit Ziele zu erreichen optimistisch entgegenzublicken, bist du glücklicher. Umgib dich mit Leuten, die deine Lebensfreude stärken und unterstützen. Schwarzseher in deinem Umfeld, die dich ständig von deinen Zielen ablenken oder gar dafür sorgen, dass du dich ihretwegen schämst, sind nur eine Belastung. Festige positive Beziehungen mit Leuten, die dich weiterbringen.

285

Geh zu einem Life Coach

Wenn dir momentan das Glück durch Hindernisse verbaut ist, die du alleine nicht überwinden kannst, dann solltest du möglicherweise den Rat eines Life Coaches suchen. Solche Leute unterstützen dabei, das eigene Leben einzuschätzen und festzustellen, warum es einem nicht gut geht. Vielleicht sabotierst du ja selbst dein Glück, ohne es zu wissen? Gemeinsam mit dem Coach wirst du herausfinden, was du besser machen kannst (oder womit du aufhören musst), um glücklicher zu sein.

286

Verzeih dir selbst deine Fehler

Wir alle machen mal etwas falsch. Das Geheimnis, wie man im Leben mit solchen Rückschlägen fertig wird, liegt darin, sich selbst zu verzeihen. Rückschläge werden dir nicht erspart bleiben, aber du solltest dennoch nie aufgeben oder verzweifeln, sondern stattdessen aufstehen und weitermachen. Wenn du meistens das Richtige tust, dann läuft doch eigentlich alles ganz gut. Niemand geht durchs Leben ohne zwischendurch ein paar Mal zu stolpern, also verzeih dir deine Fehltritte und lass sie hinter dir.

287

Male dir das Schlimmste aus

Dieser Glückstipp wirkt vielleicht wie eine gegenteilige Aussage zu all den Ratschlägen in diesem Buch – denn diese drehen sich ja eigentlich darum, wie man sich auf das Gute im Leben konzentriert. Aber wenn du mit einer erschreckenden oder angstbesetzten Situation konfrontiert bist, an der du einfach nichts Gutes finden kannst, ist es manchmal am besten, sich ihren schlimmstmöglichen Ausgang vorzustellen. Überlege dir in allen Einzelheiten das Allerschlimmste, was als Ergebnis der Situation passieren und wie fürchterlich alles werden könnte. Dann wirst du in den meisten Fällen hinterher feststellen, dass deine Ängste übertrieben waren.

288

Führe abends ein Dankbarkeitstagebuch

Schreibe täglich nach dem Abendessen fünf gute Dinge auf, die dir an diesem Tag passiert sind. Die meisten Leute sind nach einem langen Arbeitstag erschöpft und neigen dazu, alles negativ zu sehen. Doch diese Übung lenkt deine Aufmerksamkeit wieder auf das zurück, was gut läuft, und steigert so deine positiven Gedanken. Halte einige Minuten inne, und notiere, was genau wie geplant funktioniert hat, oder auch kleine Überraschungen, die dir den Tag über ein Lächeln ins Gesicht gezaubert haben. Diese Methode mag unspektakulär klingen, aber ein solches Tagesbuch zu führen reduziert erwiesenermaßen Stress und hilft dabei, aus negativen Gedankenschleifen auszubrechen.

289

Zensiere dich nicht selbst

Viel zu oft verbergen wir uns hinter der Maske des Menschen, der wir glauben sein zu müssen. Hör auf, dein Leben zu zensieren, und sprich aus, was du wirklich denkst! Mach dir keine Sorgen darüber, wie andere dich sehen. Damit ist natürlich nicht gemeint, dass du ihnen ins Gesicht sagen sollst, was du von ihnen hältst, sondern eher, dass du keine Angst zu haben brauchst, Gefühle und Wünsche zu äußern. Quäl dich nicht damit zu überlegen, ob deine Ansichten oder Gedanken bei anderen Anklang finden werden. Schließlich können sie sich darüber ihre eigene Meinung bilden. Sag alles, was du möchtest, ohne Rücksicht auf die Wünsche anderer Leute.

290

Lerne, konstruktiv zu streiten

Warst du schon mal in einen heftigen Streit verwickelt, bei dem die Leute einander angeschrieen haben? Kann es bei so etwas überhaupt einen Gewinner geben? Oder gibt es nicht einfach nur zwei Parteien, die wütend, verbittert und taub für die Meinung der anderen Seite sind? Streite klüger statt wütender. Gehe das Gespräch mit der anderen Person auf eine rationale und aggressionsfreie Art an, damit ihr beide eure Meinung klar äußern könnt. Höre zu, was dein Gegenüber sagt und fasse seine Gedanken laut zusammen, damit er weiß, dass du ihn verstanden hast. Hin und wieder gibt es nun mal Konflikte, aber man kann seinen Standpunkt auch klarmachen, ohne gleich in die Luft zu gehen.

291

Werde Dinge los, die dich belasten

In manchen Fällen mögen Einschränkungen das Richtige sein. Aber wenn dir etwas einfach keinen Spaß macht, warum solltest du es dann weiterhin tun? Werde alles los, was dir dein Glück raubt, und zwar nicht nach und nach sondern sofort. Mache eine Liste von Dingen, die dich Energie kosten oder bremsen oder bei denen dich hinterher Schuld- oder Reuegefühle plagen und dann verbanne sie ganz einfach aus deinem Leben. Das ist vielleicht nicht leicht, aber es steigert die Freude am Leben und das Wohlbefinden enorm und das ist es wert.

292

Erledige das Schwierigste zuerst

Gehst du die schwierigste Aufgabe zuerst an, dann ist der Rest des Tages leichter und produktiver. Zwar neigen wir Menschen zur Prokrastination und schieben Dinge, die wir nicht tun wollen, gern auf die lange Bank. Aber wenn du die Dinge, vor denen dir graut, als erstes aus dem Weg schaffst, bist du anschließend viel gelassener und das macht deinen Tag um einiges besser.

293

Sei neugierig

Im Leben gibt es so viel zu entdecken und zu lernen! Über die Welt und ihre Wunder kann man nur staunen. Sei neugierig und erforsche sie. Höre nie auf, zu fragen, warum etwas so und nicht anders ist. Lerne, lies, und probiere immer wieder neue Dinge aus. Verliere nie deine Neugier auf das Leben.

294

Beschließe, nicht frustriert zu sein

Wärst du gerne glücklicher und weniger frustriert von den kleinen Missgeschicken des Lebens? Dann lass dich von Kleinigkeiten, die nicht funktionieren wie geplant, ab sofort nicht mehr ärgern. Steigere deine Frustrationstoleranz, sodass deine Genervtheit nicht die Kontrolle übernehmen und dir den Tag vermiesen kann. Werde nicht wütend, wenn etwas schief geht, sondern betrachte es mit Humor. Lass den Dingen einfach ihren Lauf und nimm alles, wie es kommt.

295

Verurteile andere nicht

Ganz egal, wie es von außen aussieht, man kann niemals wissen, was ein Mensch gerade durchmacht. Häufig verurteilen wir andere und kritisieren sie, ohne ihre Hintergründe zu kennen. Das geschieht aus Neid oder Angst und wir zeigen uns damit nicht gerade von der besten Seite. Du weißt nicht, was andere Menschen zu der Person gemacht hat, die sie heute sind. Also hast du auch kein Recht, sie zu kritisieren. Außerdem schränkst du dadurch auch dein eigenes Glück ein. Du möchtest doch auch nicht von deinen Mitmenschen verurteilt werden, oder? Also tu es selbst auch nicht.

296

Lächle dich selbst an

Es klingt vielleicht albern, aber lächeln löst eine emotionale Reaktion in deinem Körper aus, die dich glücklicher macht. Andere Leute anzulächeln macht sowohl dich als auch die anderen glücklich, aber wenn du dir selbst im Spiegel zulächelst hat es einen zusätzlichen positiven Effekt auf das Selbstwertgefühl. Stell dir vor, wie gut es erst für deine Stimmung ist, wenn du das täglich tust!

297

Sei dankbar für deine Probleme

Du hast jetzt Probleme und wirst wohl auch dein Leben lang welche haben – denn kaum sind die einen gelöst, entstehen auch schon wieder neue. Aber der Schlüssel liegt darin, sie so zu betrachten, dass sie keine Macht über dich haben: Beschäftigst du dich ausschließlich mit ihnen, wirken sie riesig, konzentrierst du dich aber auf das Gute in deinem Leben, dann erscheinen sie wesentlich kleiner. Außerdem solltest du versuchen, deine Probleme wertzuschätzen. (Das mag in manchen Fällen schwieriger sein als in anderen.) Natürlich gehen sie dir heute auf die Nerven, aber morgen könnte aus ihnen eine neue Möglichkeit entstehen, an die du bisher nicht gedacht hast.

298

Gib dir selbst mehr Zeit

Eine der größten Frustrationsquellen in unserem hektischen Alltag ist das ewige Zuspätkommen nebst all den nervenaufreibenden Umständen, die dazu führen. Mal wieder im Stau gestanden? Den Bus verpasst? Das Frühstück anbrennen lassen? So viel Ärger und Nervosität kann vermieden werden, wenn man genug Zeit für die Anfahrt und das Erledigen von Dingen einplant. Steh zum Beispiel morgens früher auf, und kalkuliere den Berufsverkehr mit ein. So ersparst du dir nicht nur die Zuspätkommerei, sondern auch die bösen Blicke deines Chefs. Haushalte mit deinen Kräften und du hast einen entspannteren und glücklicheren Tag!

299

Sei still

Liegt dir wegen des vielen Geldes, das dein Schatz ausgegeben hat, ein bissiger Kommentar auf der Zunge, den du dir gleich nicht mehr verkneifen kannst? Halte dich zurück. Oder bist du wütend auf deinen Chef und weißt, dass aus deinem Zorn jeden Moment eine Schimpfkanonade werden wird? Sag nichts! Denn der alte Spruch ist wahr: Was einmal ausgesprochen ist, kann man nicht mehr zurücknehmen. Wenn du merkst, dass du kurz davor bist, etwas zu äußern, das du später bereuen wirst, dann lass es einfach. Damit ersparst du dir eine Menge Ärger! Manchmal den Mund zu halten rettet so manche Beziehung.

300

Sei freundlich zu unfreundlichen Menschen

Auf keinen Fall sollst du ab sofort zum Heiligen oder Schleimer mutieren. Aber wenn du zum Beispiel im Büro dem Nörgler vom Dienst begegnest, der immer allen Probleme macht, versuche nett zu ihm zu sein. Frag ihn, wie sein Tag läuft, wie es seiner Familie geht oder mach einen Witz über den letzten Büroaufreger. Unfreundliche Menschen sind oft diejenigen, die Freundlichkeit am dringendsten brauchen. Natürlich sind manche Menschen einfach nur negativ und man kann so freundlich sein, wie man will, es wird ihnen trotzdem nicht helfen. Aber dir geht es besser, wenn du weißt, dass du es wenigstens versucht hast. Und vielleicht macht deine Freundlichkeit den Tag der anderen Person ja doch ein wenig besser.

301

Trage nicht alle Konflikte aus

Um glücklicher zu sein, musst du verstehen, dass manche Konflikte unnötig und völlige Zeitverschwendung sind. Manche Leute haben einfach einen schlechten Charakter und sind so streitsüchtig, dass du bei einer Meinungsverschiedenheit nie gewinnen oder mit ihnen auf einen gemeinsamen Nenner kommen wirst. Es gibt so viele andere unterhaltsame und schöne Dinge, mit denen du deine Zeit besser verbringen kannst – du musst nicht jeden Kampf austragen. Natürlich kannst du zunächst versuchen, den Streit beizulegen. Führt das jedoch zu nichts, dann rette deinen Tag, indem du dich der Situation entziehst und dich so davor schützt, tiefer in den Streit hineingezogen zu werden.